NOËL À CHAMBORD

DU MÊME AUTEUR

MÊME LES POLITIQUES ONT UN PÈRE, Stock, 2015.

Avec Marie de Noailles, ADDICT, Grasset, 2016.

Avec Samuel Sandler, SOUVIENS-TOI DE NOS ENFANTS, Grasset, 2018.

LA GARÇONNIÈRE DE LA RÉPUBLIQUE, Grasset, 2017.

ÉMILIE LANEZ

NOËL À CHAMBORD

BERNARD GRASSET
PARIS

Photo de la bande : © Léonard de Serres/OnlyFrance.fr

ISBN : 978-2-246-82143-4

« Imagine-toi mon cher Paul, que depuis que j'ai vu Chambord, je vais demandant à chacun : avez-vous vu Chambord ? »

VICTOR HUGO,
Correspondance, tome 1,
Lettre à Paul Foucher, 10 mai 1825

« On ne ment jamais autant qu'avant les élections, pendant la guerre et après une chasse. »

GEORGES CLEMENCEAU

Matin de décembre. Sous le ciel d'étain, la brume couvre les prairies, elle nappe les étangs, coiffant les taillis dont le vert a viré au brun. Les sangliers grognent, éventrent le sable de leurs sabots, puis se figent. Le jour se lève. Sa lumière pâle annonce l'ennemi. Les hardes de cerfs galopent vers les bois et s'y abritent, oreilles dressées. Frissonnant dans les cimes, les aigles bottés observent. Soudain, un bruit. Sous les pas des gardes-chasse, les herbes, raidies par le givre, cassent. Bientôt, d'autres souliers brisent le silence laiteux, le soleil s'enhardit, les premiers chiens aboient. Chambord est une forêt en Sologne, dont la mort bat le rythme.

« Sa noblesse se mit fort à l'aimer et espérer en lui : car on le voyait jeune et prêt à entreprendre guerre. »

BRANTÔME, *Vie de François Ier*.

15 décembre 2017. Dans la forêt fouettée par le froid, au carrefour de l'allée du Roi, une centaine d'hommes forment un cercle. Autour d'eux, le silence. Les deux braseros ne chauffent qu'un maigre espace et ils piétinent pour vaincre l'engourdissement. Chasseurs, rabatteurs, maîtres-chiens et leurs limiers, accroupis sur leur derrière, patientent, éclairés par deux lampadaires. À leurs pieds, le butin. Une vingtaine de sangliers, dents luisantes. Pas de renards, ni de lièvres, mais quelques oiseaux. Rangés par ordre de taille, les mâles séparés des femelles, tous ont la tête posée selon le même angle, une branche de sapin coincée dans la gueule ou le

bec. L'odeur est forte. Sueur des bêtes ayant couru. Boue séchée sur leurs poils humides. Sang perlé autour des plaies. À terre, la mort.

Remontant l'avenue, une voiture s'approche enfin du carrefour. Une heure de retard sur l'horaire prévu. Elle roule doucement, phares éteints, puis s'immobilise. Deux officiers de sécurité sortent, l'un du siège avant passager, l'autre derrière. Les portes claquent, cent paires d'yeux fixent l'auto. Le président de la République en jaillit, silhouette fine, pas élastique. Une bise glacée chasse la puanteur des cadavres. Avant de les aligner devant le chef de l'État, les forestiers les ont éviscérés, tranchant la fourrure au couteau, avant de l'arracher de leur squelette. Ils ont écarté les côtes, les os craquant contre leurs doigts, puis plongé les mains dans les cadavres chauds. Abats rouges – cœur, poumon, foie – posés d'un côté. Abats blancs – viscères, intestins – jetés de l'autre. Il faut faire vite, et refermer les flancs des bêtes vidées. Dans l'obscurité, ignorant la boucherie, Emmanuel Macron sourit.

Pour la première fois depuis près d'un demi-siècle, un président de la République participe à un tableau de chasse, où le sang coule dans la terre et la viande gèle. Il a roulé 180 kilomètres pour en être. La centaine de participants comprend que la présence du chef de l'État est un défi. Il s'avance et les trois initiés, ayant préparé dans le secret sa venue, l'entourent. Leurs récits divergent sur le déroulé du ballet. Thierry Coste, le plus malin des lobbyistes, prétend avoir ouvert la portière et embrassé le président. Le patron de la fédération nationale de la chasse, Willy Schraen, croit se souvenir que non, le chef de l'État est sorti seul de sa voiture et lui a serré la main en premier. Jean d'Haussonville, le directeur général de Chambord, confie sobrement qu'il l'a salué en lui souhaitant la bienvenue, car voilà, sur les terres de François Ier, notre République est en sa demeure, le domaine relevant de sa haute autorité, tenant ses conseils d'administration deux fois par an dans le palais de l'Élysée ou à l'hôtel de Marigny. Le président de la République porte un costume, une chemise, une cravate. Quelqu'un a dû le prévenir qu'il marcherait dans les giclures d'entrailles, car il a chaussé des bottes. Judicieuse précaution. Les chasseurs se disent qu'il aurait dû également prendre un manteau, une écharpe, que Chambord n'est pas Paris, le thermomètre ayant depuis longtemps sombré sous zéro.

Les deux heures suivantes se lisent comme un précipité de l'art macronien. Le président, qui fêtera ses quarante ans dans six jours, salue le responsable de la fédération du Loir-et-Cher, Hubert-Louis Vuitton, un descendant du célèbre malletier, puis le sénateur du Loiret Jean-Noël Cardoux, patron du groupe Chasse de la haute assemblée, et prend la parole. Il ne lit pas, il n'a évidemment pas de micro au cœur de la forêt et sa chemise chahutée par le vent flotte, mais il feint de n'en rien souffrir, exhortant l'assemblée muette, lui rappelant ce qu'il a fait pour les chasseurs et les enjoignant à prendre à leur tour leurs responsabilités. L'attention est totale. Ses officiers de sécurité se tiennent en marge, et c'est un peu fou de réaliser qu'un homme, vivant sous la garde rapprochée d'un peloton de gendarmes surentraînés, se tient en veste de costume, cible blanche placée au cœur d'un cercle de cent hommes, dont près de la moitié sont armés.

Emmanuel Macron a fini son discours, il entame les salutations. Willy Schraen se tient à sa gauche, lui chuchotant le nom de chacun, son département, quelques éléments de biographie. À la troisième apostrophe, le chef de l'État lui fait signe qu'il continuera seul. Cent fois le même geste, la main serrée fort, le regard planté droit, le sourire intense. Parfois, un chasseur ose une question. Emmanuel Macron répond ; il sait toujours tout sur tout. Il salue, avance jusqu'aux rangées du fond, cherche le timide, le petit, le maigre, il serre des bras, des épaules, plante ses yeux dans leurs prunelles, et la nuit s'estompe, le froid recule, les armes dorment.

Il progresse lentement, personne ne parle, on n'entend, dans le silence du bois, que sa voix et celle, moins assurée, de son interlocuteur. Des accents chantent la France, mots de Lorraine, ton de Picardie, intonation des Ardennes ou de Normandie, et Emmanuel Macron, leur président. Soudain, il s'arrête. Revient en arrière. « Vous, monsieur, je vous connais. » Il décline son nom, l'année de leur rencontre, le lieu, les circonstances. Ébahi, rougissant, le chasseur approuve. Il s'en souvenait bien sûr, on n'oublie pas avoir rencontré un jeune homme devenu par une folle conjonction d'habiletés et de circonstances le président de la République, mais il n'avait pas osé le lui rappeler. L'accolade est tendre. Dans quelques instants, l'aparté identique se renouvelle. Le chasseur sourit, monsieur le président se souvient-il que je lui avais offert un bon calva ? Comment oublier le calva ? rit le premier des Français. L'assistance médusée admire la mémoire prodigieuse de ce jeune roi.

Pour le tableau, les gardes-chasse ont enfilé leur tenue d'apparat. Une lourde cape de drap de laine, dont dépasse le baudrier, afin que dans la nuit d'encre étincelle le manche de leur dague. Les cinq couteaux brillent. Il fut (voici deux ans) question de leur faire couper des pantalons en peau de cerf chez un tailleur de Londres, on dut renoncer devant le coût faramineux de ces cuirs. Sanglés dans une jaquette de velours vert, dont les manches retroussées laissent paraître un bandeau de tissu grenat bordé d'un liséré or, les sonneurs attrapent leur cor. Tous comprennent ce récit, narrant en musique le nombre de coups tirés et celui d'animaux tués, ainsi que les mille péripéties qui font de la chasse une aventure où la mort est une prouesse.

Les chasseurs regardent-ils les cent cheminées du château griffer les nuages ? Ferment-ils les yeux pour plonger cinq siècles auparavant ? Songent-ils, observant Emmanuel Macron piétiner dans la boue, que sur ce même rond-point, leurs ancêtres ont eux aussi aligné leurs proies pour leur rendre les honneurs ? Code immuable. Dans l'animal poignardé, la noblesse s'accomplit. Ce cérémonial est une messe impie, dont la forêt est l'autel païen. Scène macabre, grandiose. L'animal gît et l'homme se dresse. Exaltation archaïque de sa domination. Une fois, dit-on, la déesse de la Chasse a permis aux animaux de sauver leur dignité. Il est arrivé qu'un cerf tue un rabatteur d'un coup de sabot en plein crâne.

Le directeur des chasses, Étienne Guillaumat, ancien commandant dans l'armée de terre ayant combattu en Afghanistan, porte le képi et son uniforme militaire. Dans la lumière, deux officiers de la garde républicaine, montés sur leur cheval, plumet au vent, hissent leur sabre au clair. Les dépouilles de sangliers raidissent sur le lit de fougères, tandis que sous les applaudissements, le président de la République rejoint sa voiture. L'assemblée, stupéfaite, s'ébroue. Il est fort. La garde républicaine trotte dans l'allée royale, ouvrant la marche à ces messieurs séduits, partant dîner au château. Willy Schraen essuie une larme.

« Auparavant ce grand roi, les autres faisaient bien paraître leurs cours en toutes façons, mais non jamais en telles somptuosités que ce grand roi. »

BRANTÔME, *Vie de François Ier.*

À l'arrière-plan, la tour du Roi brille. La silhouette du château dresse sa dentelle dans le ciel et François Ier se frotte les mains. Ce jeune chef de la France, élu six mois auparavant, lui plaît ; son audace le comble. À Chambord, se noue un serment muet entre deux intrépides, deux chanceux montés sur un trône auquel rien ne les destinait, hormis leur insolente confiance.

En l'an 1539, sur le toit-terrasse à peine achevé, se sont regroupées de nobles dames, blotties sous d'épaisses fourrures, et leurs servantes. Elles distinguent ce rond-point, carrefour des Bonshommes, éclairé de torches, une échappée de lumière. De leur poste d'observation, elles entendent les trompes sonner la chasse, bientôt le roi de France les retrouvera pour souper, et son humeur sera celle, enchantée, des jours où il a pu chasser, rivé sur le dos de son cheval. La cour de France sait que son seigneur voue une passion absolue à cette pratique. N'a-t-il pas emporté sur le champ de bataille de Marignan, comme dans sa prison de Madrid, un seul ouvrage, *Le Livre de chasse*, traité de vénerie médiévale, rédigé par Gaston comte de Foix-Béarn, dit Fébus, deux siècles plus tôt ? Le manuscrit fut imprimé trois fois ces dernières années et François Ier le connaît par cœur, capable de réciter des pages entières.

Depuis ce XVIe siècle, Chambord est une chasse, donnée au seul pouvoir, le privilège d'une élite qui ne le partage pas. En cela, notre République est fille directe de la monarchie absolue.

« Lui venant à la couronne, il donna grande espérance de lui : car il était beau prince, jeune, gaillard, affable, de bonne grâce et Majesté, tant que chacun se mit à l'aimer. »

BRANTÔME, *Vie de François Ier*.

La perfection du protocole réside dans son impavidité. Ne rien laisser paraître. Afficher le calme des initiés. Les trois porteurs du grand secret ne se font pas de clins d'œil et n'échangent pas de sourires en coin. Ils se tiennent éloignés les uns des autres, s'affairant et résistant à l'envie de vérifier leur portable. Les conjurés espèrent. Vendredi 15 décembre 2017, froid vif et sec, trois degrés en dessous des moyennes saisonnières. Invités ce matin, les trente-six chasseurs apprécient ce bulletin, tant ils se méfient du vent, ce traître qui avertit les bêtes, transporte leur transpiration, leur parfum et l'odeur, huileuse, de leurs parkas. À cette heure, ils ignorent tout de la surprise qui les ravira ce soir. Dès sept heures, guidées par neuf gendarmettes à cheval, leurs voitures se garent autour des écuries du Maréchal de Saxe. Autour des ruines, les tilleuls nus. Ces messieurs sont heureux. La journée est réservée aux présidents des fédérations départementales. Étant près d'une centaine, ils partagent ces quatre chasses, cette fois c'est leur tour, le tour du quart Nord-Ouest du pays. Portant leur carabine dans un étui de cuir, ils marchent jusqu'au château, puis traversent le hall d'ordinaire encombré de touristes et franchissent la cour, pour atteindre le donjon. Ils ne s'attardent pas sur l'incongruité architecturale : le palais n'a pas une entrée d'apparat mais douze, parfaitement identiques. Douze, le chiffre des tribus d'Israël. La porte franchie, un regard sur l'escalier central, cette folie à double révolution qui égare, et les voici pénétrant dans la salle à leur droite, la salle des Chasses, celle autrefois dite des Soleils. Ce nom vient de ses volets intérieurs, décorés en leur centre d'un astre, sculpté sous Louis XIV. Le roi de Versailles devait bouillir quand, chassant à Chambord, il endurait ces alignements obsessionnels de « F » et de salamandres, comme si son lointain prédécesseur, ce rustre inventant un âge qu'on nommera Renaissance, le narguait de sa notoriété. Pour calmer sa jalousie, on grava donc quelques soleils dans les volets. Sous Pompidou, la salle est redécorée à neuf. Afin de plaire au président chasseur, et sans tenir compte de l'anachronisme, les murs sont tapissés d'une tenture jaune vif et de quatre cadres dorés suspendus. Ces tableaux à l'huile présentent des scènes de chasse – l'ébat, la curée, le relancé et l'hallali. Un scénario, trois rôles – des chiens, des chevaux, un cerf. Et au fur et à mesure des épisodes peints, la mort du roi des forêts approche. Posé au sol, un châssis de verre abrite des renards empaillés. Sur une table nappée de blanc, des Thermos de café, des bouilloires de thé noir, des carafes de jus de fruits, des assiettes de viennoiseries et une pile de tasses, dont chacun se saisit. La salle des Chasses enhardit le chasseur.

Circulant parmi la foule, le directeur des chasses, Étienne Guillaumat, serre des mains. Premier patron des cinq gardes forestiers à n'être pas issu des rangs de l'Office national des forêts, Guillaumat est apprécié, il commande avec justesse. Son métier est hybride, un mélange de protection de la nature, sauvegarde de la biodiversité et haute diplomatie autour de ces exercices mystérieux que demeurent les parties de chasse. Le militaire, habitué des zones de guerre, et le diplomate aux cheveux d'argent, Jean d'Haussonville, partagent le goût de l'histoire, le sens des responsabilités et le plaisir de galoper de concert en forêt. Heureux hasard, l'épouse de Guillaumat, Marie-Caroline de Saint-Exupéry, se trouve être la fille d'amis de Gérard et Christine Larcher. Or, le président du Sénat, pilier inamovible de la chasse chambourdine, ne déteste point s'intéresser aux destinées du domaine royal. Lorsque, en 2012, une fâcheuse majorité de gauche l'a provisoirement empêché de présider la Chambre haute, il fut illico recasé à la présidence du conseil d'administration de l'Établissement public de Chambord, nomination pour laquelle il fallut modifier les statuts à la hâte. Une affaire aussi rondement menée qu'une battue contre un mur d'enceinte. Le 22 février, un décret est publié, créant un poste supplémentaire au conseil ; celui-ci sera réservé à un titulaire d'un mandat électoral, local ou national. Ça tombe bien, le mardi suivant, Gérard Larcher rejoint le conseil à ce titre. Et le 29 février, il est élu par ses pairs président du conseil d'administration de Chambord. Tout cela n'a strictement rien à voir avec les mérites de l'officier Guillaumat, mais disons que le patron des sénateurs apprécie ce quinquagénaire sportif, auquel est confiée la direction des chasses.

Ce matin de décembre, aux côtés de Guillaumat, Jean d'Haussonville salue les invités. Les deux messieurs passent de l'un à l'autre, on évoque le gibier, on redoute la neige et le vent. Le café brûle la langue. Dans une pièce voisine, les chasseurs enfilent leurs bottes, troquent la veste contre une tenue chaude et souple. Nul ne s'étonne de découvrir là Thierry Coste, cheveux courts, sourire carnassier, corps athlétique. Le fou de chasse poursuit le grand gibier en Afrique, chez ses amis, des clients africains fortunés. Sa voix porte loin. Connaissant tous ses voisins, il blague. Les patrons de fédération apprécient Coste. Ce passionné les a défendus sous Chirac, sous Sarkozy, sous Hollande. Des présidents qu'il accompagna dans le dédale de ce vaste gibier que forment les cinq millions de chasseurs occasionnels, dont plus d'un million de détenteurs d'une licence valide. En cour à l'Élysée, sous la droite comme sous la gauche, Coste survit à toutes les alternances. Le caméléon aux couleurs du temps est volontiers reçu par Emmanuel Macron, et les hommes enfilant leur veste fluo orange ne l'ignorent pas. Il est probable qu'ils s'en fichent un peu, tant ce matin ne les obsède que la portée de leur carabine. Présent aussi dans le vestiaire improvisé, le gigantesque Willy Schraen. Ayant fait alliance avec Coste, le Picard partage avec lui l'oreille droite du président de la République. Un peu plus loin, un autre fusil – entre chasseurs, on s'appelle ainsi – avale un café à la hâte.

Derrière une seconde table, deux gardes-chasse distribuent un plan coloré, indiquant les postes de chacun, puis ils donnent deux piquettes, grands clous de plastique qui, plantés dans la terre, marqueront l'angle de trente degrés en dehors duquel il est interdit de tirer. Ces messieurs savent tout cela, ils sont les meilleurs des chasseurs. Pour la forme, ils présentent leur permis de chasse, licence à jour, assurance acquittée. Puis ils gagnent les Range Rover blanches du domaine. Elles sont numérotées, chacun sait laquelle le conduira jusqu'à son premier poste. Le convoi s'ébranle. D'Haussonville, Schraen et Coste regardent furtivement leur portable. Pas de message. Dans la forêt, les sangliers retiennent leur souffle.

« Le roi s'étudia à lui donner tous les ébattements et plaisirs qu'il put, et même de la chasse. »

BRANTÔME, *Vie de François Ier*.

Depuis le matin, ce ne sont que détonations, aboiements, cris des rabatteurs franchissant les amas de feuilles et traversant les fourrés, les semelles lourdes de boue épaisse. Derrière un paillis de branchage, fiché dans le sol, chaque chasseur guette le gibier, poussé par les rabatteurs. Quand l'animal s'avance, le fusil doit se contenir. Il le voit, le jauge. Est-il fort ? Beau ? Valide ? Dans son oreille, le garde-chasse donne son assentiment. Lui connaît ses bêtes, il distingue d'emblée celle qui doit grandir et se reproduire et celle ayant fait son temps. S'il accorde le tir, le chasseur doit attendre que le sanglier le dépasse, faute de quoi il tirerait vers la rangée des rabatteurs. L'animal éperdu parti dans son dos, le chasseur pivote, vise puis appuie sur la détente. Dans ce combat entre la bête traquée et l'humain, les ordonnateurs de battues ont imposé ce demi-tour, ces quelques secondes où le tueur tourne le dos à l'animal. Une fraction de temps où celui-ci peut bondir, accélérer et s'échapper. Cela arrive, parfois… L'homme et son fusil ne règnent que sur un triangle isocèle. S'il braque trop à gauche ou trop à droite, il risque de blesser son voisin.

Cinq fois dans la journée, les postes ont changé, les trente-six patrons de fédération départementale de la chasse accomplissent leurs battues, concentrés. Le froid s'infiltre dans les vestes, se faufile sous les chapeaux, il mord les doigts dans les gants. Immobiles, les hommes doivent secouer leurs jambes, faire rouler leurs épaules pour ne pas s'engourdir car lorsque le sanglier passera, il faudra faire vite.

Vers 16 heures, Willy Schraen sent vibrer son téléphone. Le tonitruant président de la fédération est le héros des chasseurs de France. Bénévole dans cette fonction, il a remis l'association sur les rails, musclé son dispositif, vivifié sa direction. Schraen règne sur un réseau puissant, maillant la France des champs et des bois, des huttes et des abris, des passées aux canards et des chevreuils séduits à l'appeau ; il n'est pas une commune qui ne compte un membre actif. Schraen lit son écran : Opération confirmée. Il reprend son guet. La nuit tombe. À 17 h 30, on sonne la fin, tous sont conduits à la ferme de la Guillonnière.

Il y a quelques années, un fermier et sa famille exploitaient la terre et élevaient une soixantaine de vaches, les nourrissant d'herbe rouge, dont les bovins apprécient la douceur. Pour améliorer l'accueil des chasseurs et quand la retraite sonna pour ces ultimes agriculteurs, la grande bâtisse fut transformée en gîte. Trois bâtiments entourent une cour. Des fenêtres aux volets rouge sang, les murs chaulés de sable et partout, jusqu'au plafond à poutres, des dizaines de trophées. Bois de cerfs, daguets, sangliers empaillés et quelques grès couleur d'ivoire s'alignent en rangées serrées. Dans la salle chauffée par un groupe électrogène, des tables forment un U entouré de chaises en plastique. Thermos de café, piles de sandwiches. Les hommes se racontent leurs prouesses en gesticulant. L'animal a jailli par ici, sauté par là. Ils savourent leurs récits, ponctués de blagues et d'accolades. Indifférent au brouhaha, Jean d'Haussonville, l'élégant directeur général, s'approche de Willy Schraen, qui réclame alors le silence. Sa voix tonne et, comme il le dit lui-même, « chez les chasseurs, on sait c'est qui Willy, on sait c'est qui le chef ». Raclements de chaise. Schraen demande qu'on écoute le directeur du château. La mèche lisse, le torse sanglé dans une veste bleu marine matelassée, l'ancien attaché culturel à l'ambassade de France à Berlin, et descendant de Germaine de Staël, déclare à ces messieurs que le président de la République approche.

Silence incrédule. Yeux écarquillés. Cent visages immobiles, suspendus. Le président à la chasse ? Du jamais vu. Dans la logistique minutieuse de l'opération, la station à la ferme de la Guillonnière présente un avantage essentiel : aucun portable n'y fonctionne. Au cœur du domaine forestier, le réseau a renoncé à percer les chênes centenaires, à ricocher au-dessus des étangs et traverser les bois. Le huis clos est parfait. On se rassoit, nouvelles rasades de café. Bientôt, on reprend le fil du récit de chasse et ce sanglier rusé qui a cru, le drôle, qu'il pourrait s'échapper.

À la sortie 16 de l'autoroute A10, un homme patiente au volant de sa voiture garée le long de la départementale. Frédéric Villerot, responsable des événements et activités de loisirs de Chambord, garde ses phares allumés et son portable dans la paume. L'intendant, que le chef de l'État appellera dès le lendemain « Fred » en le tutoyant, a assuré la liaison entre la demeure de François Ier et le palais de l'Élysée. Mission complexe, dans laquelle l'ancien gendarme de la garde républicaine excelle. Ayant longtemps dirigé le groupement à cheval attaché au château, il connaît comme sa selle les moindres taillis et fougères de l'immense territoire. Quand son régiment lui a rappelé qu'il faudrait un jour rejoindre Paris, ses casernes et son bitume, le militaire a démissionné, préférant la Sologne et son galop quotidien. Cette visite du chef de l'État s'apparente à une aubaine pour le gendarme, heureux de renouer avec les impératifs de sécurité et de surveillance. Les lourdes voitures du convoi présidentiel se rangent derrière la sienne, la caravane s'ébranle.

Quelques heures plus tard, au cœur de la nuit, une photo floue et mal éclairée est mise en ligne sur le compte Twitter de Chasseurs de France. Les trois quarts de l'image sont occupés par le sol mouillé. Dans le fond, quelques hommes sombres, des taches orange formées par les vestes de sécurité, le capot arrière d'une Range Rover. On ne reconnaît personne, le lieu est inconnu. Seule la légende claque : « Le président de la République était au @domainechambord ce soir. Il a salué la contribution de #lachasse à la

#nature. » La mèche est allumée. Et si la consigne de discrétion n'a pas été respectée par ce participant, qui semble avoir pris son image depuis un portable tenu à hauteur de ventre, le lobby des chasseurs ne s'est pas fâché bien fort.

« Que doit-on dire de Chambourg qui, encore tout imparfait qu'il est, à demi achevé, rend tout le monde en admiration et ravissement d'esprit quand il le voit ! que si le dessein eût pu accomplir l'œuvre, on le pouvait nombrer parmi l'un des miracles du monde. »

BRANTÔME, *Vie de François Ier*.

Une trouée dans les bois et soudain surgit dans la brume le mirage. Trouble du regard qui découvre sans comprendre. L'édifice est incohérent, illisible. Un socle de château fort, donjon aux quatre tours d'angle, une enceinte basse. Jusque-là, tout était clair : le roi est un seigneur, sa bâtisse le signifie aux ennemis venus de la plaine. Puis le regard s'élève, découvrant le second château, un orgue céleste, où joue une profusion désordonnée de cheminées, chapiteaux, campanules, tourelles, pilastres, clochetons et lucarnes. Délire pétrifié qu'élève en son centre une tour-lanterne dont la flèche en fleur de lys parade dans les nuages. Dans le morne paysage alentour, ce spectacle tance le ciel. Pourquoi ériger ici un tel monstre de grâce ? Pourquoi s'éloigner des rives dolentes de la Loire voisine, le fleuve de la Cour de France ? Pourquoi avoir remonté son affluent le Beuvron et s'être finalement posé le long de cette rivière minable, ce Cosson qui n'aime rien tant qu'inonder, infester et pourrir ? Chambord est un non-sens. Des fondations campées dans un marécage indomptable, dont les eaux noires calcifient les pilotis de chêne. Des toits de plomb, acheminé depuis l'Angleterre. Des murs en tuffeau de Bourré, blanc comme neige ; pierres friables que grignote depuis le premier jour l'humidité, cette reine de Sologne. Même la marqueterie en ardoise de Trélazé, extraite de la carrière de Tire Poche, semble dérisoire. La roche grise est celle du pauvre. Nulle avenue majestueuse qu'une grille aux arabesques dorées viendrait fermer de sa superbe. Pas de plan symétrique, de bosquets taillés en topiaires, de statues ou d'angelots perchés sur des bassins. Ici règnent la boue, le givre et l'animal.

Chambord est un château pour l'épate. Une folie, née dans les rêves italiens d'un monarque que la France n'aurait jamais dû voir régner.

François, le fils du défunt Charles d'Angoulême, n'est ni fils de roi, ni petit-fils, ni même neveu, tout juste un obscur parent, rejeton d'une famille sans fortune, destiné à servir son souverain et ne point bouleverser le cours de l'histoire. François de Valois grandit loin de la Cour, adulé par sa mère, Louise de Savoie. Louis XII s'intéresse peu à ce cousin éloigné, tant il espère un héritier ; hélas, malgré ses trois mariages, l'enfant mâle ne vient jamais. En janvier 1515, François de Valois, vingt ans, fière allure avec ses deux mètres sous la toise, monte sur le trône, ivre de son destin. Pour la première fois dans l'histoire du royaume, un gamin inconnu reçoit l'onction suprême, porté sur le trône par « une addition de fortunes » que le plus audacieux des prophètes n'aurait osé prédire. Aujourd'hui, on écrirait de lui qu'il a bénéficié d'un alignement des planètes. On le dira plus tard, pour un autre homme, jeune et venu de nulle part, auquel la France se confiera. Le pays retient son souffle. Qui est ce fringant gaillard ? « Un personnage flou aux soutiens faibles », comme le définit l'historien et biographe Didier Le Fur, et dont la première année de règne est un triomphe. François Ier conquiert le duché de Milan, remportant à Marignan une victoire héroïque, puis il conclut un concordat avec le pape Léon X et signe la paix avec les Suisses. L'Europe l'observe, soufflée par sa force.

Le jeune roi est persuadé que dorénavant tout lui réussira. Lui, le neveu sans richesse, élevé par une veuve rouée et mystique, n'est-il pas désigné par le Ciel ?

Pour parachever sa gloire, il doit être élu empereur de l'Empire romain germanique. Une formalité, songe celui qui se sait doué, alors il fonce. Il néglige. Il vexe. Il bouscule. En juin 1519, les princes électeurs allemands, pourtant soudoyés, lui préfèrent son rival, Charles d'Espagne, bientôt Charles Quint. Le roi de France encaisse.

Puisque c'est ainsi, dans les marécages du Cosson, il fera construire un édifice à nul autre pareil. Un château incomparable. Un palais, dans lequel il ne gouvernera pas. Une forteresse, dans laquelle il ne fomentera pas de guerre. Un château, dans lequel il ne signera aucun traité ni ne prendra de décision politique. Un château inutile. Le palais de sa gloire. Des plans de basilique et son monogramme, taillé à l'infini dans les caissons du plafond, des centaines de miroirs hypnotiques de sa légende. Le palimpseste d'un roi séducteur.

Dans le royaume de France, on dit du roi François qu'il se prend pour Apollon, Mercure ou Jupiter.

« Sur tous, il y avait M. Castellanus, très docte personnage, sur qui le roi rapportait par-dessus tous les autres quand il y avait quelque point difficile. »

BRANTÔME, *Vie de François Ier*.

Claude Bartolone, ancien président socialiste de l'Assemblée nationale et toujours président de l'association des Amis de Chambord, lui a soufflé l'idée. Si vous veniez là, vous seriez le premier président ami des fusils, lui glisse-t-il en substance. Tenter ce que ses prédécesseurs n'ont jamais osé ne déplaît pas au chef de l'État, qui six mois auparavant fête sa victoire dans la cour de l'ancienne résidence royale du Louvre. Et puis, être l'ami des chasseurs, n'est-ce pas aussi évoquer les vacances chez sa grand-mère Manette, les parties de pêche dans le vallon du Salut écrasé de chaleur, ressusciter ces après-midi buissonniers où, un lance-pierre dans la poche et un arc sur l'épaule, il coursait les merles en compagnie des galopins de ce village des Hautes-Pyrénées ? La chasse, cette passion qu'il retrouve chez les frères, beaux-frères et neveux de son épouse Brigitte, accaparant leurs conversations de la Toussaint jusqu'à Pâques. Emmanuel Macron, jeune étudiant au bras de leur sœur, mère de trois enfants, a passé des heures à écouter ces récits, où il est question de lièvres, de faisans, de bécasses et de ces nuits veillées dans la hutte enfouie sous les eaux sableuses de la baie de Somme. Être le président ami des chasseurs, ne serait-ce pas rendre hommage à ces deux familles qui l'ont aimé, quand ses propres parents peinaient à le comprendre ?

Roulant vers sa maison à Bayenghem-lès-Éperlecques, où son épouse l'attend, Willy Schraen reçoit un appel. Le président de la République lui confie vouloir passer un week-end en famille et Thierry Coste a approuvé l'idée de Chambord, qu'en pense-t-il ? Sans bien comprendre en quoi cet intermède le concerne, Willy Schraen acquiesce. Le président poursuit. Il souhaite un séjour simple et se demande si ce ne serait pas l'occasion de passer au tableau. Ébahi, l'ancien marchand de fleurs se tait. Macron au tableau ? Pas besoin de réfléchir longtemps pour apprécier le cadeau politique, Schraen approuve.

Emmanuel Macron lui précise que son conseiller Antoine Peillon sera l'interlocuteur auprès duquel régler les détails.

Schraen respire un grand coup. Le président à la cérémonie nocturne des gars qui « tuent la mère de Bambi », selon sa définition chérie, quel bon coup ! Évaluant les ricochets de la boule de billard rouge lancée par Macron, le patron de fédération jubile. Préparer avec le monsieur Environnement du cabinet présidentiel la venue à la chasse de l'hôte de l'Élysée, n'est-ce pas délicieux ? Sauf qu'Emmanuel Macron n'a pas désigné Peillon pour le plaisir de provoquer plus encore les écologistes, mais parce que c'est à lui qu'incombe, depuis six mois, de traiter l'irritable Nicolas Hulot. Personne mieux que cet ingénieur des Mines passé par le cabinet de Ségolène Royal ne saura déployer l'arsenal de psychologie nécessaire pour tempérer l'occupant de l'hôtel de Roquelaure, lorsque celui-ci apprendra que le chef de l'État a rendu les honneurs au gibier mort.

François Patriat, sénateur de la Côte-d'Or et président du conseil d'orientation du domaine, reçoit lui aussi un appel du président. « Fanfan, je voudrais passer un week-end avec les enfants et les petits, t'as une idée ? », entame Emmanuel Macron, taisant ce que Claude Bartolone lui a soufflé. « Fanfan » a deux passions, dont il ne fait pas mystère : Chambord et Macron, la première étant plus ancienne que la seconde. Jeune député socialiste, il est convié au domaine par l'ordonnateur des chasses présidentielles de François Mitterrand, le madré François de Grossouvre. Un coup de foudre pour « ce lieu de génie en dehors du monde », lieu dont il ne s'est jamais dépris, l'écran de son téléphone portable représentant le château sous la neige, une photo prise en hélicoptère. Sous la glace, les ors du soleil ruissellent sur les murs de tuf. En septembre 2016, l'ancien président socialiste du conseil régional de Bourgogne survit à un accident de voiture. Blessé, le miraculé perd le sommeil, jusqu'à ce qu'une hypnothérapeute lui conseille de s'imaginer être assis dans son endroit préféré sur la Terre. François Patriat ne cherche pas longtemps. Dorénavant, à peine est-il allongé qu'il ferme les yeux et se transporte à Chambord. L'extase l'apaise et il s'endort, rêvant aux cerfs dont les bois sont blancs.

Le jovial élu fut l'un des tout premiers à rallier le candidat Macron, à qui il a présenté Thierry Coste. Depuis ces mois clandestins, le chasseur de Bourgogne est considéré comme un vassal sûr. Un des rares Marcheurs chenus, au fait des mille pratiques de la politique locale, celle des salles des fêtes en tôle ondulée et des vins d'honneur servis dans des gobelets en plastique. Aussitôt achevée la conversation avec celui qu'il nomme « Président », le sénateur Patriat joint le directeur Jean d'Haussonville pour l'avertir. Quelques jours plus tard, toutefois, Emmanuel Macron rappelle « Fanfan ». Il a changé d'avis, il ne retient pas l'idée d'un séjour en Sologne. « Les enfants veulent du soleil, ils réclament une piscine », la cité idéale dessinée par le roi de la Renaissance ne peut concourir. Étrange dédit, car en réalité le dossier se poursuit et François Patriat le découvre bientôt. Le président s'est-il méfié de ce proche ? A-t-il vraiment hésité sur la destination ? Tellement heureux que ses deux passions se retrouvent, Patriat en oublie de s'interroger. En revanche, le sénateur prévient Emmanuel Macron qu'il ne l'accompagnera pas au tableau de chasse, c'est mieux qu'un briscard comme lui ne soit pas associé visuellement à cette rencontre et, dans le même souffle, Patriat lui rappelle de ne surtout pas dormir dans le château, « mais tu pourras y dîner, Président ».

Quelques heures plus tard se présente à Chambord un jeune homme aux lunettes rondes. Le chargé de mission, dépêché par l'Élysée, explique à son interlocuteur, Jean d'Haussonville, être l'homme de confiance d'Emmanuel Macron. C'est lui, lieutenant-colonel dans la réserve opérationnelle de la gendarmerie, et personne d'autre qui, depuis des mois, veille à sa sécurité comme à celle de sa famille. Des propos si péremptoires qu'on croirait entendre tinter dans sa poche les clés de la villa du Touquet, voire celles des appartements privés, rue du Faubourg-Saint-Honoré. Le directeur général du domaine n'ayant pas suivi la campagne électorale, il découvre Alexandre Benalla et sa faconde. Le garde du corps officieux rayonne de l'assurance des conseillers du Prince, celle que nourrit la connaissance de l'intimité des puissants.

Interloqué, Jean d'Haussonville, chez qui la politesse sert de technique respiratoire, rappelle travailler avec le préfet du Loir-et-Cher et disposer d'un poste de gendarmerie. Son interlocuteur hausse les épaules. Il faut faire plus, faire mieux et, surtout, faire comme il l'exige. L'étonnement du diplomate croît. Depuis quand la préfecture et la gendarmerie nationale ne sauraient-elles plus organiser le séjour privé d'un président de la République ? Toutefois, le directeur général se garde de piper mot et, quand l'émissaire lui agrippe l'épaule pour mieux le convaincre, le haut fonctionnaire demeure impassible. Peut-être, songe l'homme lettré, que lorsque le soleil de la Renaissance s'est, à Chambord, levé sur l'obscurité du Moyen Âge, l'Ancien Monde s'est ainsi senti bousculé. La raison d'État a ses façons, nouvelles.

Un an plus tard, lors d'un dîner de chasse, Jean d'Haussonville confie à un élu de droite, familier du domaine, que l'attitude du chargé de mission lui a déplu. En février 2019, une enquête préliminaire est ouverte pour corruption concernant les activités d'Alexandre Benalla et de Vincent Crase, gendarme réserviste chargé de la sécurité dans le mouvement En Marche. Les deux amis géraient une société de surveillance, Mars, comptant parmi ses clients l'oligarque russe Iskander Makhmudov, un proche de Vladimir Poutine, propriétaire du château des Pins à Soings-en-Sologne. Makhmudov aime ses 800 hectares clos de murs. Le magnat russe quittant de moins en moins son pays, il a confié la sécurité de sa demeure à la société Mars. Son cogérant, Alexandre Benalla, officiant au palais de la présidence de la République, la référence a plu au Russe. Décidément, la Sologne est un terrain de chasse giboyeux. Makhmudov chasse à trois kilomètres de Chambord.

Dans notre République monarchique, il est de coutume que l'Élysée nomme à la tête du château son secrétaire général adjoint. Le domaine relève de sa haute protection, comme les Invalides ou la Maison de la Légion d'honneur.

Il est sage d'y placer un fidèle, soucieux de rapporter les caprices, coquetteries et rebuffades qu'on y exerce ou qu'on y endure. Un esprit trop affranchi s'égarerait dans de fâcheuses initiatives quand il s'agira de dresser les listes, secrètes, des invités aux jours de chasse. Dans cet esprit, le président Chirac y envoya Frédéric Salat-Baroux, futur mari de sa fille Claude, et Nicolas Sarkozy désigna à son tour Emmanuelle Mignon. L'énarque retrouve là son ancien camarade de l'ENA, promotion René Char, Jean d'Haussonville. Emmanuelle Mignon prend la mission au sérieux et prie Thierry Coste – déjà pilier de l'Élysée – de lui enseigner le tir. Le Monsieur Chasse de la seconde moitié de la Ve République l'emmène en forêt. L'ancienne cheftaine scoute obtient son permis du premier coup. Emmanuelle Mignon n'oubliera jamais ce que le lobbyiste lui a appris. Dans les bois que l'hiver rend muets, tous les oiseaux se taisent. Tous, sauf le plus petit, le plus commun, l'intrépide rouge-gorge, unique chanteur de la saison morte. Et dans les années suivantes, il arrivera que la secrétaire générale de l'Élysée se souvienne de cette parabole. Croire au chant du rouge-gorge quand autour de vous le pouvoir glace les cœurs.

Dédaignant ces efforts cynégétiques, Nicolas Sarkozy met un terme – officiel – aux chasses présidentielles. La tradition exaspère les écologistes, Brigitte Bardot s'en indigne, la mesure permettra à bon compte d'apaiser ces colères vertes. Soucieux d'établir une distance bienséante entre la présidence et Chambord, le président casse la tradition du secrétaire général adjoint et nomme, pour succéder à Emmanuelle Mignon, un de ses intimes, le sénateur et chasseur invétéré Pierre Charon. La maison demeure en de bonnes mains ; le président saura qui y chasse, qui aimerait y chasser et qui jamais n'y chassera. Après Pierre Charon, Gérard Larcher s'y console d'avoir été écarté de la présidence du Sénat, puis, alternance oblige, en janvier 2015, arrive le ministre socialiste Guillaume Garot, un proche de Ségolène Royal à laquelle François Hollande accorde cette satisfaction. François Patriat, ancien ministre sous Lionel Jospin, est déçu. Il espérait la place, mais son âge, soixante-sept ans, l'en empêche. Élu député en 2017, Garot abandonne à son tour ce poste, incompatible avec son mandat parlementaire. Emmanuel Macron, nouveau maître de l'Élysée, doit choisir un successeur.

Paris n'aimant rien tant que bruisser de secrets, l'annonce d'un séjour du chef de l'État au château se faufile déjà entre les doubles portes des cabinets du pouvoir. Depuis son bureau, rue de Grenelle, Augustin de Romanet, le P-DG d'Aéroports de Paris, est perplexe. Le haut fonctionnaire, passé dans de nombreux cabinets ministériels sous Jacques Chirac et ancien directeur général de la Caisse des dépôts, sait que son nom circule pour présider le conseil d'administration de l'Établissement public de Chambord, créé en 2005. Sa candidature fut évoquée sous François Hollande. Un an après la mort de sa femme, le veuf et père de trois enfants est approché. Le château, pensent ses amis soucieux, lui changerait les idées. L'énarque, catholique fervent et le seul de sa fratrie de cinq enfants à n'être pas entré dans les ordres, laisse dire. François Hollande, auquel de bonnes âmes proposent son nom, le balaie d'un revers de main, au motif que d'Haussonville à la direction générale du domaine et de Romanet à la direction de l'Établissement public, cela ferait trop d'aristos dans un château. Ce délit de noblesse semblant suffire, Chambord demeure sans présidence. Toutefois, la vacance pourrait gêner le protocole d'une visite, même privée, du chef de l'État. Qui l'accueillera dans les murs de François Ier, de Gaston d'Orléans, de Louis XIV, de Louis XV et d'Henri V, si personne ne représente la demeure ?

Ce lundi 11 décembre, Augustin de Romanet a néanmoins des soucis plus urgents. P-DG du mastodonte ADP, 6000 salariés, 300 millions de passagers par an et 24 aéroports dans le monde, le courtois personnage affronte une pile d'ennuis haute comme le lanternon de François Ier. D'autant que l'État actionnaire amorce la privatisation du colosse, ayant mandaté, via l'agence des participations de l'État, la Bank of America-Merrill-Lynch pour étudier les modalités. Augustin de Romanet a donc rendez-vous à l'Élysée avec Patrick Strzoda, le directeur du cabinet du président, et Marc Guillaume, le secrétaire général du gouvernement. Les trois hommes ont beaucoup à se dire. La réunion achevée, sur le seuil de la salle, le P-DG d'ADP demande si le dossier présidence de Chambord avance. Le secrétaire général du gouvernement sourit. Enfin, ce sujet est abordé ! dit-il en plaisantant à demi, d'ailleurs savez-vous que je pensais que ce serait l'unique ordre du jour de notre entrevue, quand vous l'avez sollicitée ?

Le mercredi 13 décembre, Augustin de Romanet est nommé président du conseil d'administration. Le vendredi 15 décembre, il accueille au château le chef de l'État. Et le 8 janvier, dans la foulée, il cède son siège de président du conseil d'orientation du domaine de Chambord à l'ami du président, président du groupe En Marche au Sénat, François Patriat.

Le château ne se formalise pas de ces nominations pressées. Il est habitué. Juin 1981 : François Mitterrand est élu depuis trois semaines et voici le directeur giscardien de Chambord déjà débarqué, et son adjoint, Christian Mary, jeune ingénieur des eaux et forêts, prié de se présenter sur-le-champ à l'Élysée. François de Grossouvre, conseiller spécial, le reçoit. Vous êtes nommé à la tête du domaine. On fait apporter une machine à écrire, et Mary est prié de taper le décret présidentiel le désignant. Inutile d'informer les ministres de tutelle, François Mitterrand signe. Dès l'ouverture de la saison en octobre, les nouveaux usufruitiers du domaine se pressent à Chambord pour y tirer le cerf. Le président socialiste n'aimant pas la chasse, il laisse Grossouvre diriger ces parties de fusil et ne vient qu'une fois au domaine, accompagné du chancelier allemand, Helmut Kohl. Les yeux fermés, le chef de l'État français touche l'écorce des arbres. De la pulpe des doigts, il distingue un chêne d'un charme. Tâtant le galbe des arbres et caressant leurs rugosités, il marche dans le domaine royal.

> « De telle façon, la table du roi était une vraie école, car de là s'y traitaient les manières autant de la guerre que des sciences hautes et basses. »
>
> BRANTÔME, *Vie de François Ier*.

Tandis qu'Emmanuel Macron se tient au milieu des chasseurs et de leur butin, son épouse Brigitte, ses trois enfants, Sébastien, Tiphaine et Laurence, leurs conjoints ainsi que leurs huit enfants, soit seize personnes, découvrent la maison des Réfractaires. Sur la table basse du salon, François Patriat a fait poser deux magnums de vin, un rouge et un blanc, accompagnés d'un mot manuscrit : « Président, passez un excellent week-end dans le plus bel endroit du monde. » La maison des Réfractaires est une bâtisse aux volets rouges, située à deux cents mètres du château. Il fait nuit depuis longtemps, aussi ses hôtes savourent-ils la vue directe sur le château magnifiquement éclairé du roi François. Le palais de la Renaissance jaillit de l'obscurité, et dans le silence de la forêt, le spectacle saisit. La maison, transformée en relais quatre étoiles, se divise en deux habitations : le gîte Le cerf et celui de La salamandre, le second animal étant le symbole du vainqueur de Marignan, épris de ce reptile capable de survivre au feu. Canapés gris, plaid de laine plié sur un rebord, parquet blond et écran plat fiché dans le mur, la décoration s'y conforme aux standards du bon goût hôtelier. Au prix de 800 euros le week-end en haute saison, le client du gîte bénéficie d'une baignoire d'angle dans la salle de bains en ardoise noire.

Les petits-enfants de Brigitte Macron ont-ils écouté ce que leur grand-mère leur a conté du roi chasseur et bâtisseur, de la bataille de 1515, de ce château conçu sans plan ni architecte ? Affairés à choisir leurs lits, ont-ils entendu que leur gîte se nomme maison des Réfractaires ? Chambord, cet entrelacs de bois et de marais, fut un haut lieu de résistance, et les réfractaires au STO, comme les combattants des réseaux clandestins, s'y cachèrent. Ils sont une centaine à trouver refuge dans la forêt ou sous les soupentes des fermes voisines, protégés par le silence des Solognots. À l'été 1944, de jeunes Résistants, venus de Blois, tendent une embuscade contre une unité allemande et tuent deux soldats. En représailles, plusieurs bâtiments du village sont incendiés, puis les habitants enfermés dans le château, auquel l'armée menace de mettre le feu. Le curé alsacien Marie-Joseph Gild obtient que la population soit libérée et l'édifice préservé, mais les Allemands retiennent quelques otages, qui tentent de s'échapper. Rattrapés sur la place d'Armes, ils sont tués à la mitrailleuse, tandis que neuf autres, alignés le long du mur des écuries du Maréchal de Saxe, sont fusillés sous les yeux de leurs familles. Chambord, minuscule commune portant les stigmates de notre Histoire, est décorée en novembre 1948 de la croix de guerre avec étoile d'argent.

Avant cette métamorphose en gîte touristique, Valéry Giscard d'Estaing aimait à recevoir ici. Le président, amateur de grand gibier, a joui avidement de Chambord. Il s'y rend tôt le samedi, au volant de sa propre voiture. Veste en tweed, cravate nouée et chapeau de feutre, le chef de l'État adore ces traques où ne l'accompagnent qu'un garde-chasse et le sous-préfet Geoffroy Chancerelle de Roquancourt. Un an après l'élection de Giscard à l'Élysée, ce Breton, chasseur passionné, est d'ailleurs nommé commissaire à l'aménagement du domaine.

Commode pour organiser à loisir les sorties du président, où le retrouvent parfois ses deux fils, Henri et Louis. Pour leur anniversaire, il arrive que leur père donne une battue. Lors de ses dîners aux Réfractaires, Giscard malmène l'étiquette, exigeant de s'asseoir entre Roquancourt et son jeune second, Christian Mary. Parmi ces trois hommes, l'épouse de Christian Mary patiente, silencieuse. Un soir, le président confie à l'adjoint du domaine qu'il souhaite être reçu chez lui, au pavillon Saint-Dyé, la ferme où le forestier vit avec sa famille de quatre enfants. Madame Mary, à laquelle le souper muet n'a pas laissé un merveilleux souvenir, le charge de répondre qu'avant de s'inviter chez les autres, on reçoit à sa table. Deux semaines passent. Les époux Mary sont conviés au château d'Authon, la propriété voisine de celle de la famille d'Anne-Aymone Giscard d'Estaing. Le président de la République y organise le même plan de table qu'aux Réfractaires. À ses côtés, les chasseurs Roquancourt et Mary, avec lesquels il parle gibier toute la soirée ; leur faisant face, les deux épouses. Le lendemain, madame Mary chargera son époux de faire savoir au président de la République que jamais elle ne recevra un homme, fût-il chef de l'État, qui ne lui adresse pas la parole.

La bâtisse abrita longtemps les services administratifs du domaine, avant que ceux-ci ne déménagent à l'intérieur du château. Elle demeure l'adresse officielle de la discrète association des Amis de Chambord, une confrérie à laquelle on ne cotise pas et dont on ne devient membre que parrainé par plusieurs des deux cents influents chasseurs la composant, dont beaucoup de Français demeurant en Belgique. Thierry Coste et François Patriat dorment en ses murs épais, quand la fatigue est trop grande pour regagner la capitale. Les chasseurs de la République s'efforcent d'être prudents, depuis que le 15 janvier 2016 le sénateur de l'Eure, Ladislas Poniatowski, rentrant d'une battue aux sangliers, a été blessé dans un accident de voiture.

Dans les deux gîtes, loués pour deux nuits par Emmanuel Macron, les valises sont défaites et les cadeaux de Noël, achetés par Brigitte Macron au Toys'R'Us du centre commercial de La Défense, cachés sous les lits. Il est tard, la route a été longue. Brigitte Macron emmène ses enfants et petits-enfants dîner place Saint-Louis, à quelques dizaines de mètres de là. Quittant les Réfractaires, les enfants ne distinguent pas, abrité dans une annexe, le poste de sécurité depuis lequel leurs déplacements sont surveillés. Le Groupement pour la sécurité du président de la République y contrôle les douze caméras, installées pour leur séjour. Quand le préfet de Loir-et-Cher apprend que la famille présidentielle projette de déguster des crêpes au milieu des badauds, il soupire. Dans la foule de touristes, des gendarmes en civil patrouillent. Déjà, les enfants choisissent leur galette au jambon, au poulet, hésitant encore pour le dessert. Crêpe au Nutella ou à la confiture ? À la crêperie du Cerf – l'animal est un emblème redondant –, on nettoie une table blanche, pliant à la hâte les serviettes en papier. La famille du président a des goûts simples et aime à le faire savoir. Brigitte Macron raconte volontiers que pour faire patienter ses enfants sur l'autoroute des vacances, elle leur promettait une halte dans un restaurant Courtepaille, et nul n'ignore aujourd'hui que ce goût est devenu, durant la campagne électorale, celui de son mari. Demain soir, la famille du président dînera au premier étage du château, régalée par un traiteur de Sologne.

« Mais quoi ! Il faut qu'un roi soit grand et splendide en tout. »

BRANTÔME, *Vie de François Ier*.

Tandis que les petits-enfants de Brigitte Macron avalent leurs crêpes, le saxophoniste Jean-Claude Bouron arrive au château, accompagné de sa troupe. Onze artistes, dont trois musiciens, un cascadeur et sept comédiens. Ayant travaillé au centre de musique baroque de Versailles, Bouron lance six ans auparavant « Midnight Première », une société fournissant des spectacles d'époque dans les plus beaux châteaux et musées de France. Ses clients sont des entreprises ou des particuliers, capables de financer sur leurs deniers une soirée à Vaux-le-Vicomte, pour laquelle les 350 invités seront tous délicatement déposés en hélicoptère. Le metteur en scène étonne, sa douceur contrastant avec l'exigence de la clientèle à laquelle il vend ses prestations exclusives. Avec le concours de maîtres d'armes, de cavaliers et d'acteurs de cape et d'épée, ses soirées transportent au cœur des fêtes galantes du XVIIe siècle. Une immersion à la Cour royale.

Jean-Claude Bouron connaît Chambord. Il y joua *Le Chat botté* l'hiver précédent. L'établissement public ayant rempli les trois cents sièges de sa salle pendant quatorze jours, il lui commande de nouveau un spectacle. Ce week-end de décembre 2017, ignorante de toute présence présidentielle, sa troupe s'apprête donc à jouer une pièce, adaptée du *Serpentin vert* de Madame d'Aulnoy, une contemporaine de Charles Perrault. Bouron a tout réécrit, intégrant des scènes de combats, des sortilèges de fées et quelques amours malheureuses de princesses, le tout dorénavant titré *La Belle et la Bête... au bois dormant.* Il a transposé l'histoire à l'époque de François Ier et inséré des airs de Lully.

Un salarié, averti de l'arrivée des comédiens, vient à leur rencontre. L'accueil est tendu, l'atmosphère électrique. S'ils n'avaient admiré l'allée bordée de sapins luminescents offerts par les pépiniéristes Naudet en échange d'une journée de chasse, les artistes peineraient à croire que dans une semaine les réjouissances de Noël seront célébrées. Conduite à la ferme de la Gabillière, la troupe déchante en pénétrant dans la demeure glaciale où ils découvrent les douches communes.

Samedi matin, en avalant son café, Jean-Paul Bouron écoute la radio. Le président de la République aurait, d'après une photo circulant sur les réseaux sociaux, assisté la veille à un tableau de chasse, là, dans la forêt de Chambord, juste à côté de l'endroit où lui et ses comédiens se réveillent. Interloqué, le musicien appelle son contact à l'administration, qui bredouille que rien n'est confirmé, qu'il faut attendre, que tout est confus, secret, interdit. Une heure plus tard, les artistes se présentent au château, où la mauvaise humeur de la veille s'est muée en fébrilité. L'édifice fourmille de forces de sécurité. Le metteur en scène se voit, un temps, barrer l'accès aux coulisses.

« Notre roi François pourtant ne tint jamais de cette humeur, comme j'ai ouï dire ; car avant de donner le coup, il menaçait premièrement à la mode du tonnerre, qui, avant que ruer sa fureur contre terre, bruit et esclaire. »

BRANTÔME, *Vie de François Ier*.

Sous un ciel azur, ce samedi 16 décembre, dans la tour du Chaudron, les gardes du corps se préparent. Ils ont dormi dans les cinq chambres, où les radiateurs électriques luttent contre l'hiver. Les officiers de sécurité patientent pour prendre une douche. La chambre dite du ministre possède l'unique baignoire, partagée avec sa voisine. Les trois autres pièces se contentent d'une pièce d'eau commune. Pour avaler une boisson chaude, les hommes du président se tiennent dans le couloir, où est installée la cuisine, cachée derrière un bar. L'Élysée préconisait que la famille Macron passe là son week-end. La tour du Chaudron, symétrique à celle des Princes, serait facile à sécuriser. L'épouse du chef de l'État a refusé. Elle sait que l'élu au suffrage universel ne peut pas dormir au même endroit, sous le même toit, que le carrosse du comte de Chambord. Acheté par les partisans de la Restauration pour que le prétendant au trône de France se rende à Paris ceindre la couronne et recevoir son sceptre, le carrosse aurait voisiné une nuit avec le jeune élu au suffrage universel. Impossible, tranche l'épouse avisée.

Ces chambres simples ont été aménagées pour régaler les donateurs. En remerciement de leur soutien financier, il est offert une ou plusieurs nuitées sous le toit du prince de la Renaissance. Hélas, les mécènes ont l'habitude du luxe. L'administration du domaine se souvient encore du mécontentement de cette famille d'Américains ayant déboursé 28 000 dollars lors d'une vente de charité à Chicago pour dormir chez François Ier et qui, le matin levé, exprima son désarroi. Chambord n'est pas l'Amérique et la tuyauterie grince chez le roi de France. Pourtant, le château se démène. Il paie une concierge privée, qui partage ses prestations entre ses invités et ceux de la centrale nucléaire voisine, mais ses services (fleurs fraîches, plateaux de petits déjeuners, chocolats sur les couettes) ne suffisent pas à satisfaire ces personnalités gâtées par la fortune.

Quant aux riches Chinois, ils ont beau faire des dons pour soutenir le palais, ils refusent obstinément d'y poser la tête sur l'oreiller. Savent-ils que le poste Loir-et-Cher du Renseignement territorial a donné l'ordre que lui soient transmis toutes leurs remarques et le détail de leurs questions lorsqu'ils demandent à visiter les lieux ?

En short et tee-shirt sombre, le chef de l'État accomplit son jogging matinal, muni de deux portables, un dans chaque main, et accompagné de quatre officiers de sécurité. Ce président court, comme courait Nicolas Sarkozy, à ceci près que son prédécesseur arpentait le parc de Versailles à l'heure où, inondé de soleil, il débordait de visiteurs. Le long du canal, où stagnent les eaux noires, Emmanuel Macron aligne les foulées. Le séjour du chef de l'État a été préparé avec minutie ; aucune image ne doit être prise. Le chef de l'État séjourne certes dans un domaine public, mais il est convenu que sa visite demeure une parenthèse aveugle et muette. Depuis la veille, policiers et gendarmes en civil patrouillent dans le château, écumant les bois, inspectant les allées et sillonnant le village. Ils cherchent les paparazzi. Entre eux, les habitants s'en amusent. Ces civils se distinguent comme une licorne dans un pré de luzerne ; ce sont les seuls à ne pas regarder le château, les seuls à ne pas se dévisser le cou pour observer le lanternon tutoyant le soleil. Malgré leur vigilance, la consigne échouera.

Sophie, une touriste, reconnaît le joggeur. Il accepte de poser pour un selfie que la jeune brune aux cheveux longs promet de ne pas poster sur les réseaux sociaux. Elle tient parole. En revanche, la photo volée par un participant la veille au soir devant le gibier tué s'achemine doucement sur Twitter. Paris n'ayant pas encore bu son café, le feu médiatique couve. Les rédactions levées, il prospère dans la capitale. Pierre-Olivier Costa, le directeur de cabinet de Brigitte Macron, travaille dans son bureau de l'aile Madame, au rez-de-chaussée de l'Élysée, rangeant ses dossiers dans un cagibi minuscule éclairé d'une fenêtre, là où Bernadette Chirac avait placé deux assistantes s'y serrant contre le mur jauni. Son téléphone ne cesse de vibrer, les textos déferlent. Non seulement ceux des journalistes découvrant que le président a assisté à un tableau de chasse, mais par dizaines ceux des amis mondains du couple Macron, s'offusquant de ne pas avoir été invités à l'anniversaire du président. Ne comprenant pas ce que la famille Trogneux-Macron fait au château de Chambord, des journalistes ont étudié le calendrier. Emmanuel Macron étant né le 21 décembre, il ne peut avoir fait ce déplacement, non inscrit à l'agenda officiel, que pour fêter là ses quarante ans. La presse détestant le vide, l'interprétation devient un fait et le fait une polémique, la polémique un scandale. Aussitôt, les éditorialistes s'indignent. Dérive monarchique, Histoire de France, Versailles, Pompidou, Giscard et Louis XIV, chacun y va de sa leçon de morale politique. Pierre-Olivier Costa s'évertue dix fois, cent fois, à convaincre tout ce que Paris compte de chanteurs, de comédiens, d'artistes, d'avocats et autres conquêtes récentes du couple présidentiel que le déplacement est familial, qu'aucune fête ne sera donnée à Chambord. La Cour, vexée, n'entend rien. Elle boude. « J'apprends qu'ils sont 500 invités, pourquoi m'a-t-on oublié ? » lui reproche celui-ci. « Tous y sont, sauf moi, moi qui pourtant ai tant fait », gronde cet autre. Bientôt Brigitte Macron, à laquelle le directeur de cabinet parle brièvement, lui dit son agacement : n'a-t-elle pas le droit, comme tout le monde, de profiter quelques heures des siens ? « On n'a rien fait de mal », se fâche-t-elle. Rien de mal, à l'évidence. Toutefois, les communicants de l'Élysée manifestent une désinvolture coupable. Pensent-ils que le président de la République puisse assister à une cérémonie de chasse devant cent personnes puis, entouré de quinze membres de sa famille, dîner au village, dormir dans un gîte touristique avant de parcourir le temps d'un footing les berges du canal, sans fournir une explication ?

Dimanche, le chef de l'État, appliqué à tenir la presse farouchement à distance, répond à deux journalistes de l'AFP et de RTL. « Il ne faut pas tomber dans cette espèce d'esprit chagrin qu'ont beaucoup qui voudraient voir toujours des symboles », grince-t-il. Les services de la Présidence précisent qu'Emmanuel Macron a réglé la facture des deux gîtes, « chèque signé par Brigitte Macron », précise François Patriat, mais la déclaration se noie dans les douves. Dorénavant, le président de la République a célébré ses quarante ans sous le toit ouvragé du prince de la Renaissance. Et personne n'écoute quand les Macron répètent que chez eux, comme dans beaucoup de familles de France, on fête Noël en alternance avec les belles-familles. 2017, c'est l'année Macron. L'année Noël à Chambord.

Noël prochain, la France convulsera sous les assauts des gilets jaunes.

« Quelle illustration demande-t-on plus grande que celle qu'il garde à l'empereur, qu'il reçut quand il passa par la France, et qu'il recueillit si honorablement, si privément et avec si bonne foi ? L'autre ne la lui garda pas si bonne quand il lui eut tourné le visage, et ne lui tint rien de ce qu'il avait promis. »

BRANTÔME, *Vie de François Ier*.

Les « esprits chagrins », n'en déplaise au président, n'ignorent pas que le château de Sologne porte la poisse. Sous son toit de poivrières, les rêves du pouvoir se fracassent. À l'hiver 1539, le royaume de France souffre. Inondations, récoltes détruites, famines, le peuple gronde, tandis que le roi s'épuise de chasse en chasse. Cerné par Charles Quint, François Ier s'exaspère que celui-ci refuse de lui céder le duché de Milan, son obsession. Or, l'Espagnol doit se rendre à Gand afin d'y mater des émeutes et l'empereur redoute le voyage en mer. Le roi de France saisit l'occasion, il l'invite à traverser son royaume. Non sans exiger des écrits stipulant qu'il n'y sera pas fait prisonnier, Charles Quint accepte. François Ier se frotte les mains. L'austère Habsbourg sera ébloui, on va lui montrer, à ce triste Sire de noir vêtu, de quoi la France, quand elle fait sa belle, est capable. Durant les six semaines où le cortège princier remonte vers les Flandres, le royaume se pavane, régalant ses visiteurs d'une débauche de spectacles. Bateaux drapés de satin, sur lesquels des appartements avec cheminée attendent leurs hôtes, arches florales, feux d'artifice : à chaque étape sont exposées la puissance, la richesse, la grâce et la force de la France, divine patrie des Arts et de l'Amour.

Les Espagnols parviennent enfin au bord de la Loire et, comme les deux princes chassent tous les jours – la chasse étant alors ce qui, au début du XXIe siècle, deviendra le footing : une gymnastique exaltant la vigueur du jeune corps en politique –, François Ier propose une traque au cerf dans la forêt de Chambord.

Aussitôt, le roi dépêche son connétable de finir le chantier, car rien n'est prêt dans ce palais de la frime. On pose des tentures, on apporte des meubles, on nettoie, on répare, on colmate les fuites d'eau, on maçonne les appartements royaux, rabote un escalier ou visse une fenêtre à meneaux. Le 19 décembre, les deux ennemis galopent dans les bois. François, vêtu de drap d'or et de velours brodés, colosse gras à la barbe blonde. Charles, en grand deuil, chétif, le menton proéminent et le visage fermé. Les cavaliers royaux évitent les branches, ils arrachent les ronces, enjambent les fossés et urinent contre un chêne avant de sauter de nouveau sur leur cheval. Ça crie, ça s'excite. Soudain, poursuivant une harde de cerfs au détour d'une allée, l'empereur se fige. Est-ce possible ? Un palais, blanc comme la robe du baptême chrétien, apparaît, étirant sa silhouette gourmande. Son toit doré à l'or fin brille tant que Charles plisse les yeux. Le Français se régale de la stupeur du plus puissant souverain d'Europe et lui présente sa folie : Chambord, le château dont il a rêvé quand il était son prisonnier à Pavie. Sa Majesté reconnaît-elle dans la marqueterie d'ardoise l'aspect de la chartreuse italienne où elle fit enfermer le Français défait ?

Charles Quint soupe au château. Son arrivée est saluée par un ballet de nymphes jetant des pétales de rose sous ses pas. L'empereur du Saint-Empire romain parcourt l'édifice sans piper mot, l'ingéniosité de l'architecture lui coupe le souffle. Deux nuits, deux jours de chasse. Pas un compliment. En partant, Charles Quint murmure avoir connu là un « résumé de ce que l'industrie humaine peut accomplir ». François Ier exulte.

Maladroit celui qui croit amadouer ses rivaux en leur présentant ses atours. Lentement, inexorablement, Charles Quint fait payer l'ensorcelante beauté de Chambord. Au printemps 1540, ayant attendu six mois pour se prononcer, l'empereur accorde certes la main de sa fille au fils de François Ier, mais il soustrait de la dot de la princesse le duché de Milan. Un affront. Dans les provinces de France, on fourbit les armes, on entasse les provisions, on hisse les palissades. La guerre s'annonce. François Ier s'alite, terrassé par la fièvre.

L'or couvrant les toitures de plomb s'assombrit, le vent et la pluie s'acharnant sur les paillettes du précieux minerai. Quand, cinq cents ans plus tard, Emmanuel Macron passe Noël à Chambord, les sept lanternes du toit-terrasse arborent la couleur d'un ciel mauvais. Le directeur d'Haussonville profite-t-il de leurs entrevues pour lui glisser un mot de son projet ? Il aimerait redorer Chambord, retrouver le lustre qui fit chavirer Charles Quint. Si le château scintille comme en 1539, les touristes afflueront. D'ailleurs, insiste-t-il, la réfection est aisée, Francisco de Moraes, ambassadeur du Portugal, ayant décrit la toiture en 1541. Il suffit de trouver deux millions d'euros ou, pour commencer, 500 000 euros. De quoi dorer les quatre plus hautes lanternes, leurs épis de faîtage, les girouettes et les fleurs de lys. Jean d'Haussonville, invité le printemps suivant au voyage officiel du chef de l'État en Inde, est convaincu de parvenir à réaliser son ultime chantier. Augustin de Romanet appuie sa requête auprès du président, qui, cette fois, l'approuve et la fait écrire. Mais rien n'advient. Agacé par cette inertie, Romanet demande rendez-vous au ministre de la Culture, Franck Riester ; se pourrait-il que celui-ci ralentisse un vœu soutenu par le chef de l'État ? L'occupant de la rue de Valois se racle la gorge. L'affaire est embarrassante : il se trouve hélas que l'administration du patrimoine refuse de dorer Chambord, un chantier qu'elle estime superflu. S'il le lui impose, il signe sa « mort interne », il sera accusé d'être le jouet du président, la marionnette de ses caprices monarchiques. Le dossier des feuilles d'or s'enlise. Six mois plus tard, les gilets jaunes installent des barricades et des barrages aux ronds-points de la République. « La dorure est morte à cet instant, cela aurait fait un arc électrique », constate Augustin de Romanet. Charles Quint sourit : les toits d'or n'auront brillé que pour lui. En son royaume, le jeune président a perdu la main.

Chambord s'est moqué de François son bâtisseur, péchant par vanité. Un siècle plus tard, il se venge de son nouvel occupant, Gaston d'Orléans. Soucieux d'éloigner ce frère intrigant, le roi Louis XIII lui donne son château pourri, rongé par les moisissures et livré aux moustiques. L'esthète Gaston d'Orléans s'en éprend pourtant. Il y engloutit sa fortune, et pendant qu'il vide continûment ses caisses pour assécher les marais, son royal frère devient enfin le père d'un fils, un héritier pour le trône. Gaston d'Orléans ne quittera plus la Sologne. Un siècle passe. C'est une spécificité maléfique du château, il épuise tant ses propriétaires que l'envie d'y résider fuit leurs successeurs. Loin de la Cour, éloigné des routes, impossible à chauffer, à meubler, Chambord est un traquenard. Louis XIV y expédie son beau-père, Stanislas Leszczynski, le roi de Pologne. Le souverain déchu tressaille. Ce palais lui convient, il est si grand. Puis la malaria décime ses domestiques, les crues ravagent ses plantations, et le pauvre Stanislas hurle de rage, réclamant à son gendre d'échapper à ce bannissement. Après sept années de ruminations, il repart en Pologne.

Sous Louis XV, Chambord convient à un autre ambitieux, le maréchal de Saxe. Le militaire a remporté Prague, Tournai, Fontenoy, Rocourt. En récompense, le conquérant réclame un trône. Louis XV l'exile à Chambord. Dupé, le militaire investit son royaume d'opérette, il s'y installe avec sa cour et le régiment de cavalerie légère Saxe-Volontaires, six brigades de cent soixante hommes à cheval portant le sabre et la lance. Les paysans de la plaine voient débarquer une armée de Polonais, de Hongrois, d'Allemands, de Turcs, d'Alsaciens et de Flamands aux panaches blancs, rouges, jaunes ou verts, le crâne rasé et les moustaches longues. Sur son passage, la compagnie arrache des cris aux enfants ébahis ; les cavaliers, montés sur des chevaux blancs, sont originaires de Madagascar, de Pondichéry, de Cayenne et des Antilles, ils ont la peau noire et sur leurs uniformes sont cousues des peaux de panthère. Maurice de Saxe bâtit des écuries, il installe des poêles, exige des boiseries aux murs, fait lever les couleurs et tirer ses six canons, puis sonner les trompettes et manœuvrer sa cavalerie. Il comble les douves et achève les jardins. Bals, pièces de théâtre, chasses à courre, et même quelques orgies entre ses soldats et des demoiselles, auxquelles le maître de céans assiste depuis un fauteuil, faute de mieux. Ivre de ses plaisirs, le maréchal s'étourdit. Sa fortune s'amenuise et Louis XV ne répond pas à ses courriers. À Versailles, on ricane d'imaginer le militaire paradant dans les marais. Saxe meurt, sans que jamais Louis XV lui rende visite.

Aux farauds de tous les siècles, le palais tend des pièges. Après le maréchal de Saxe, l'édifice dépérit, les arbres poussent sur les toits. Napoléon s'en débarrasse en l'offrant à son chef d'état-major, le général Berthier, affublé du titre de prince de Wagram. Le nouveau prince ordonne quelques travaux, puis repart. Il revient durant trois jours, baptise une ferme du prénom de sa fille Lina – là où demeure aujourd'hui le directeur du domaine – puis s'en retourne et meurt. Sa veuve, la princesse Élisabeth de Wagram, accablée de dettes, supplie Louis XVIII de l'autoriser à vendre ce fardeau, mais la cession est juridiquement impossible. La veuve supplie ; le roi soumet le changement de statut au Parlement, qui, au terme d'une polémique nationale, l'adopte. Chambord est à vendre. Dans les bois, les loups se multiplient.

En 1820 naît Henri, « l'enfant du miracle », le fils posthume du duc de Berry assassiné, petit-fils de Charles X, le prétendant Bourbon au trône de France. Un de ses partisans, Adrien de Calonne, lance une souscription nationale. Que les Français se cotisent pour reprendre à la veuve Berthier le château : ainsi, quand l'enfant Henri s'assiéra sur le trône, le palais de François Ier retrouvera sa juste place parmi les trésors de son royaume. Nos ancêtres s'enthousiasment, les dons affluent. En 1821, Chambord est racheté. Touchante passion patrimoniale, car voilà des contribuables vidant leurs poches pour récupérer un domaine pourtant cédé par caprice à des courtisans dont la monarchie ou l'Empire ont voulu se débarrasser. En juin 1830, Charles X en prend possession au nom de son petit-fils. Hélas, le cadeau porte malchance, le roi doit fuir, son cousin Orléans, Louis-Philippe, lui ravit la place. Et le jeune Henri de Bourbon, interdit de séjour, annonce porter désormais le nom de comte de Chambord. Un hommage ? Un mauvais présage.

Dorénavant, ce château désigne la nostalgie du retour. Emmanuel Macron a-t-il à l'esprit ce funeste épisode quand il s'en prend « aux esprits chagrins » qui « voient partout des symboles » ? Peu de lieux en France charrient pourtant un aussi pesant message politique. Chambord ou l'échec. Depuis l'Autriche, le comte Henri, n'ayant jamais posé le pied sur la terre de Sologne, gère son domaine comme un micro-royaume. On y joue à l'Ancien Régime. Messe obligatoire, chasses réservées aux familles aristocrates amies du régime, gratuité des soins et distribution de médicaments par les religieuses, les paysans font la révérence aux administrateurs. En échange de leur dévotion, ils sont récompensés d'un cuissot de chevreuil pour les fêtes religieuses, les veuves touchent une pension et les filles sont scolarisées.

À la chute du Second Empire, la Chambre des députés en majorité royaliste met fin à l'exil des Bourbons. Le 3 juillet 1871, le comte de Chambord, âgé de cinquante et un ans, découvre le château que les Français lui ont acheté. Les Chambourdins s'étant comme de coutume acquittés de jeter des pétales de rose sous ses roues, il pose ses bagages. Le 5 juillet, il publie un manifeste. Oui à la monarchie, non au parlementarisme. Et cette précision : « Je ne laisserai pas de mes mains arracher l'étendard d'Henri IV, de François Ier, de Jeanne d'Arc. » Le comte de Chambord refuse le drapeau tricolore, il exige le drapeau blanc. Consternation chez les royalistes. Le 7 juillet, ayant au nom d'une couleur saboté toute Restauration, le prince s'en retourne en exil. Chambord, ou le coût de l'entêtement.

Là, entre les bauges de sangliers et les hardes de cerfs, sous l'escalier à double volée et les pétales de rose, la monarchie s'est suicidée. De ce paradoxe, notre République naît. Cela ne suffit pas au château farceur. Le comte de Chambord meurt sans enfant. Le domaine, payé par les économies de son peuple, échoit à son neveu, Robert de Bourbon-Parme. Le duc se marie deux fois ; de son premier lit consanguin naissent douze enfants, dont six handicapés, et du second douze autres, dont Zita, la dix-septième enfant du duc, qui épousera Charles de Habsbourg, dernier empereur d'Autriche-Hongrie. La famille Bourbon-Parme passe ici la belle saison, conduite à bord d'un train spécial composé de seize wagons. Le frère de Robert, Élie, hérite du lieu. Pâques 1914 : le prince, vêtu de son uniforme de lieutenant de dragon autrichien, assiste à la messe dans l'église du village. En août, la guerre est déclarée.

Le domaine, territoire autrichien, donc ennemi, est placé sous séquestre. En 1918, Élie de Bourbon-Parme attaque l'État français devant le tribunal de Blois. Celui-ci lui donne raison et condamne la France à lui verser onze millions de francs. Pour la seconde fois en cinquante ans, les Français achètent le château. Difficile de s'interdire de « voir partout des symboles », comme se fâcha Emmanuel Macron, dos au donjon érigé par François Ier qui, pour acheminer 220 000 tonnes de tuf depuis les onze carrières voisines, fit lever une ribambelle de taxes. Quand Georges Pompidou réclame un appartement dans la tour des Princes afin d'y recevoir à dormir Leonid Brejnev, l'esprit malin le laisse dépenser l'argent public. Mais le secrétaire général du parti communiste de l'Union soviétique, lui, ne vint jamais. Et son appartement prend la poussière.

Bonne fille, la République ne tient pas rancune aux enfants de ceux qui la chicanèrent. En octobre 2009, Amélie de Bourbon-Parme, la petite-nièce d'Élie, épouse civilement l'amateur de science-fiction Igor Bogdanov. Le directeur du domaine, Philippe Martel, un chiraquien qui ralliera le Front national, prête gracieusement le château public. Ne fut-il pas celui de sa famille ? Dans les quatre salles formant la croix du rez-de-chaussée, se pressent deux cent soixante invités, les dames grelottant dans leurs robes longues peu adaptées au froid automnal. Seul Francis Lalanne, vêtu de cuissardes et d'un blouson de cuir, supporte les courants d'air, il détonne dans la foule mondaine. Dans l'après-midi, le couple de jeunes mariés a quitté la terrasse de l'hôtel Bel Air à Saint-Dyé, rejoignant la réception en hélicoptère, piloté par Igor. Visite du château, concert de musique classique dans la chapelle, puis ce dîner de noces où des serveuses, habillées à la mode du XVIe siècle, servent « un foie gras macéré une nuit dans un vin épicé truffé de figues confites au miel de thym ». L'épouse du ministre de l'Éducation nationale, Marie-Caroline Ferry, claque des dents. Son mari fume sur la terrasse. Autour des huit arcs-boutants du lanternon, quatre gravés de salamandres, quatre de la lettre F, le philosophe devise. Le château céleste de François Ier absorbe les derniers rayons du soleil couchant.

Au rez-de-chaussée, Francis Lalanne, futur barde des gilets jaunes, chante à table.

« Ce grand roi, après avoir bien combattu et recombattu, tant qu'il n'en pouvait plus, et parant les coups d'une infinité qui était à l'entour de lui, qui lui donnait et lui en donnant aussi. »

BRANTÔME, *Vie de François Ier*.

Dans un placard, André Joly conserve une boîte métallique. Des sablés pour ses visiteurs. Le Solognot a grandi à la ferme de la Guillonnière, l'ancienne exploitation agricole dans laquelle on fit, hier soir, patienter les chasseurs, et peu connaissent aussi bien que lui la forêt, où, enfant, il braconna, pêcha, chassa, échangeant avec les gardes-chasse les meilleurs coins où « faire une cuisine », l'expression du cru pour dire qu'on ramasse des girolles. Dans l'enceinte, close d'un mur de trente-deux kilomètres de long, quadrillée d'allées presque toutes nommées en hommage aux Bourbon-Parme, André Joly n'a pas besoin de chercher le château en guise de repère. Il sait où se cachent les abeilles noires et où poussent les plantes aux loups. Cela lui suffit pour trouver son chemin. À l'école du village, les huit Joly sortaient trente minutes avant leurs camarades, le temps de rejoindre la ferme avant que la nuit ne tombe, le temps surtout de relever quelques pièges et de chiper des mûres. Aujourd'hui, l'enfant de la Guillonnière est maire de la commune.

Ayant appris qu'Emmanuel Macron et sa famille résidaient dans son fief et entendu dire que le président achevait son footing, le maire saisit son écharpe tricolore, rangée derrière la boîte de sablés, et sort de sa mairie, autrefois école de bonnes sœurs où sa mère fut élève. Joly marche le long des douves, il s'enfonce dans les allées et parvient à arrêter le chef de l'État, qui court vers lui. Sourires, poignée de main, le président prend son temps, il s'arrête, ne regarde pas ses téléphones, ne manifeste aucune impatience, il écoute. Deux hommes sous le soleil froid. L'un en chemise à carreaux, silhouette massive, bras comme des troncs, les cheveux ras et des yeux qui semblent guetter une proie. Devant lui, de plus petite taille, le corps mince et souple du jeune président. Vigueur déliée du citadin sportif pour qui l'effort est une hygiène plaisante. Le joggeur ne transpire pas, sa peau est sèche, ses cheveux aussi. Il ne cherche pas son souffle. Mystère de la physiologie du pouvoir. Tapotant l'épaule carrée de son interlocuteur, Emmanuel Macron promet. Il sera attentif à ses doléances, d'ailleurs il reviendra lui en parler, qu'il compte sur lui et surtout ne se fasse pas de souci. Le maire remercie, bougon. Les promesses, c'est comme les girolles, elles poussent puis se gâtent. Le président repart. Foulées rapides.

Les griefs d'André Joly sont nombreux. Quand en 2005 le domaine de Chambord devient un établissement public national à intérêt commercial, celui-ci se fait remettre en dotation l'ensemble des terrains : le cimetière et ses sépultures, le tennis, le parking, la salle de judo, le terrain de foot et les vestiaires, le presbytère, la mairie, les commerces, les maisons, tout le village est absorbé par l'État. Cas, unique en France, d'une commune dont le maire et les citoyens demeurent locataires, signataires d'une « convention d'occupation précaire ». Ce faisant, le directeur général du domaine poursuit un dessein. Il veut redresser les finances, augmenter la fréquentation touristique. En quadruplant la redevance des commerçants, il chasse les vendeurs de colifichets fabriqués en Chine. L'opiniâtre haut fonctionnaire réussit. Les comptes sont dorénavant à l'équilibre. Mais avec la mairie, la bataille se corse.

Quand le domaine tente de récupérer les droits de police du maire, dont le droit de gérer les terrasses des restaurants, l'élu Joly porte l'affaire jusqu'au conseil d'État, qui lui donne raison. Le château revendique alors les taxes foncières. André Joly obtient leur maintien devant la cour d'appel de Nantes. « Dédé », comme le surnomme « Fanfan », alias François Patriat, « exagère. Il réclame de l'argent pour sa commune, alors que le château paie tous ses frais ». L'analyse n'est pas fausse, à ceci près que la justice a donné raison, jusque lors, à André Joly.

En janvier 2014, trois sénateurs s'offusquent de voir l'État pilonner ainsi le « principe constitutionnel de la libre administration des collectivités territoriales ». Jeanny Lorgeoux, maire de Romorantin et sénateur, le président de la Commission des lois, Jean-Pierre Sueur, et Jacqueline Gourault, sénatrice du Loir-et-Cher, présentent un amendement censé clarifier l'imbroglio. L'élue, aujourd'hui ministre de la Cohésion des territoires, soutient André Joly. Coïncidence, le curé de Chambord, monseigneur Verrier, fut son professeur de mathématiques, or le Prélat d'honneur de Sa Sainteté apprécie la combativité du maire de sa paroisse, à qui il donne parfois procuration. Dans cette commune, décidément singulière, l'écharpe tricolore et le goupillon font alliance ; les soirs de dépouillement, les deux hommes comptent ensemble les bulletins de vote. Monseigneur Verrier recevra, en 2018, la Légion d'honneur, épinglée par la ministre Gourault. Dans son discours, elle évoque « des batailles gagnées ensemble », puis s'essuie les yeux. Pense-t-elle à ses équations de maths ?

En attendant, le texte des trois sénateurs volant au secours du maire déclenche dans l'hémicycle un affrontement d'une violence telle qu'en comparaison la battue aux sangliers s'avère une promenade galante. Alors que le sénateur Collombat déclare qu'il serait « temps d'informer les châtelains du château que quelque chose s'est passé en France le 14 juillet 1789 », un autre parlementaire lui réplique que ce texte est vain. Le volubile élu n'est autre que Pierre Charon, sénateur de Paris, qui présida, l'on s'en souvient, le domaine de Chambord, où il ne déteste pas être invité à la chasse. Pierre Charon peut compter sur le soutien de Gérard Larcher, tout à la fois sénateur des Yvelines et ancien président du conseil d'administration de Chambord, ainsi que sur celui des soixante et onze sénateurs payant leur cotisation à la fédération de la chasse. L'amendement est rejeté par le Sénat.

À l'Assemblée nationale où, parmi 577 députés, 117 appartiennent au groupe d'études « Chasse et Territoires », l'amendement revient en lecture. Aussitôt, un autre texte lui barre la route, fort du soutien de députés, tous chasseurs réguliers chez François Ier. Peut-être importe-t-il de préciser ici que François Baroin, député puis sénateur, François Patriat, député puis sénateur, et Claude Bartolone dirigent l'association des Amis de Chambord. La proximité entre leur amicale et l'établissement public national fit tousser la Cour des comptes, observant en février 2010 que l'association, « alimentée de fonds publics » ne devrait pas « effectuer certains aménagements et acquérir meubles et objets divers, cela constitue une irrégularité flagrante aux règles de la comptabilité publique ». Mais entre Chambord et la politique, les liens sont aussi étroits qu'entre deux chasseurs accroupis sous la pluie s'apprêtant à tirer un dix-cors. En 2016, dernière année où Claude Bartolone préside l'Assemblée nationale, celui-ci attribue 150 000 euros de la réserve institutionnelle au domaine ; les Restos du cœur recevront du même fonds, supprimé l'année suivante, cinquante mille euros de moins.

Le temps passant, les bisbilles entre le directeur général de l'établissement public d'Haussonville et le maire ont pris une tournure sourde. Lorsqu'un salarié du domaine épouse la fille de l'élu puis se voit licencier, les partisans de Joly s'indignent. Et quand, en 2014, un cousin du même maire, lui aussi employé au château, se porte candidat aux élections municipales contre son parent, les mêmes tendent l'index vers la tour des Princes. Dernièrement, deux gardes-chasse ont démissionné du conseil municipal, jugeant délicat de servir deux maîtres. « À Chambord, on est dans un autre siècle », observe Augustin de Romanet, regrettant d'avoir échoué à réconcilier les deux hommes. Peu probable que les efforts de paix du P-DG d'Aéroports de Paris soient récompensés avant que le directeur d'Haussonville n'achève son mandat. Après avoir brillamment gouverné l'Établissement public, celui-ci espère une ambassade ; l'Autriche, patrie de son épouse, lui siérait. Emmanuel Macron songerait plutôt à l'envoyer réveiller le château de Villers-Cotterêts, cette autre construction du roi François, qu'il honora deux fois de sa visite, manifestant envers la Renaissance une passion notable. N'a-t-il pas ainsi baptisé la liste de son mouvement aux élections européennes ? Renaissance, l'époque où l'homme s'ébroue, s'arrogeant la responsabilité de son destin. Renaissance, ivresse de l'individu défiant la fatalité.

Comme depuis cinq siècles, dans la forêt marécageuse, l'essentiel de la détestation entre le maire et le directeur se cristallise en réalité autour du gibier et de la carabine. André Joly ne décolère pas que l'énarque ait supprimé « sa » journée, celle dont l'édile maîtrisait les invitations, se régalant d'être, pour une fois, celui qui reçoit. Dorénavant, l'administration désigne les fusils conviés, le directeur confiant à des proches qu'il n'allait pas laisser Joly organiser des battues durant lesquelles il ne ferait que médire à son propos. Dans son village aux tuiles plates, l'enfant de la Guillonnière devenu maire bougonne que « François Ier n'est pas mort, il règne encore ». Et Emmanuel Macron ne l'a pas convaincu du contraire.

En 2000, Xavier Patier, énarque et plume de Jacques Chirac, maire de Paris, est nommé commissaire à l'aménagement du domaine. Le chasseur visite aussitôt les deux fermes, encore actives. À peine est-il entré dans la cour de l'Ormetrou que les fermiers, Émile et Charles Fourtin, accourent, chapeau à la main. Ils courbent le dos, le saluent avec déférence et se plaignent : les renards, les lièvres, les perdrix et les blaireaux attaquent leurs poules, rongent leurs cultures : « C'est misère, monsieur, donnez-nous le droit de les chasser. » Le haut fonctionnaire explique ne pas être en capacité d'autoriser ou non la chasse de telles espèces, mais les deux Solognots insistent. Pour les habitants de cette enclave, qui au fil des siècles obéirent aux foucades d'une succession d'ambitieux à qui leur village fut offert, l'occupant du château prolonge la lignée dominante. Bien que serviteur de l'État rendant compte à sept ministères de tutelle, le responsable de l'établissement demeure à leurs yeux un châtelain. Si la commune conserve ce legs, c'est qu'en son enceinte murée le temps s'écoule autrement, comme si l'Ancien Régime s'accordait ici une danse, pavane trompant le cours de l'Histoire.

Depuis 1947, les fonctionnaires ont succédé aux régisseurs des princes. Mais les villageois cherchent la différence, tant les parties de chasse continuent de leur échapper et les soupers fins de rassembler des têtes couronnées de toute l'Europe. Sous la direction de Jean d'Haussonville, devenu par son mariage avec Magdalena de Tornos y Steinhart le beau-frère de Jean d'Orléans, prétendant au trône de France (leurs épouses sont sœurs), Chambord reçoit la noblesse, lors de retrouvailles bisannuelles nommées « chasses européennes ». Dans le domaine, dont Gaston d'Orléans étendit la surface, viennent chasser le grand-duc de Luxembourg, les archiducs Habsbourg d'Autriche, Frederik de Danemark quand son torticolis récidivant le laisse en paix, des aristocrates espagnols, italiens, polonais, autrichiens, allemands, et bien sûr le comte de Paris, chef de la maison royaliste. Seul le prince William n'a pas encore succombé aux charmes du domaine républicain, ce n'est pourtant pas faute d'y avoir été convié. Lors de ces battues, la liste compte aussi du personnel politique et des militaires, venus de pays voisins d'Europe. Quant à Henri, grand-duc de Luxembourg, et son épouse Maria Teresa, ils auront le privilège, en juin 2019, d'inaugurer lors d'un dîner de trois cents couverts le 500e anniversaire de Chambord. Les grincheux s'interrogeant sur ce parrainage trouveront la réponse dans un livre d'histoire. Robert de Bourbon-Parme, l'homme dont le frère obtint par l'État le remboursement du château, se trouve être l'arrière-grand-père du souverain luxembourgeois. Histoire oblige.

Ces privilèges donnent des idées au-delà du continent. Un soir, le Quai d'Orsay appelle au domaine. Le président du Ghana souhaite chasser le cerf. L'affaire serait aisée, si la requête ne tombait pas pendant le mois de juillet, saison où la chasse est interdite, même pour les protégés des ministères. Faisant fi du calendrier, le fonctionnaire des Affaires étrangères insiste, l'ambassadeur du Ghana surenchérit, et le commissaire du château commence à se demander si son obstination ne pourrait pas lui coûter son poste. Lui vient alors l'idée de recevoir le président ghanéen et de lui remettre, à défaut d'une dépouille chaude, un trophée de cerf. Le stratagème fonctionne. Seront livrés à Chambord la semaine suivante quinze kilos de chocolat. Du cacao posté depuis Accra.

> « Ce n'est pas tout à un pasteur de paître ses moutons et brebis d'herbes et de pacages, mais de les veiller et engarder que le loup ne les surprenne, et surtout qu'ils ne mangent de méchante herbe. »
>
> BRANTÔME, *Vie de François Ier*.

Nicolas Hulot ne décroche pas son téléphone, il préfère écrire des textos en rafales plutôt que répondre à mon appel et me parler. À croire que les souvenirs de ce week-end à Chambord – et les ressentiments qui vont avec – sont encore vifs. Pas du tout, voudrait me persuader l'ancien ministre à la Transition écologique ; d'ailleurs, des souvenirs, il n'en a aucun. Il ne sait plus ce qu'il faisait pendant que le chef de l'État serrait la main aux chasseurs et enjambait leurs proies. Il a oublié la manière dont il apprit, lui le féroce ennemi de la chasse, que le chef de l'État participait à un tableau. Le seul détail que sa mémoire ait épargné : personne à l'Élysée n'a jugé utile de l'informer du passage présidentiel en Sologne.

Il est dans ce séjour un détail chronologique qui, s'il ne relève pas du hasard, confirmerait que les conseillers présidentiels savent être retors. En effet, tandis que le président, ayant quitté en fin d'après-midi le conseil européen à Bruxelles, descend l'autoroute vers Blois, la Haute Autorité pour la transparence de la vie publique communique les déclarations de patrimoine des membres du gouvernement. Ce faisant, elle désigne à l'émotion publique le populaire ministre de la Transition écologique, Nicolas Hulot, l'homme du gouvernement qui voudrait interdire la chasse et déteste son lobbyiste Thierry Coste, comme il honnit son président Willy Schraen. Les Français découvrent ainsi que le ministre vert détient un patrimoine de millionnaire et que, dans son garage breton, sont garées neuf voitures, dont une berline allemande, une moto BMW et un Land Rover. Alors qu'à Chambord Emmanuel Macron enfile ses bottes, à Paris Nicolas Hulot se consume de rage. Contre l'avis de son cabinet lui recommandant de faire profil bas en attendant que la polémique s'épuise, il demande un entretien dans la presse. Les lecteurs apprennent donc le dimanche 17 décembre que le président Macron a contemplé des sangliers morts entouré d'une centaine de chasseurs et, dans le même temps, que Nicolas Hulot, le ministre écolo, possède certes neuf voitures diesel et essence, mais que juré, promis, il ne roule « qu'à l'électrique pour 95 % de ses déplacements ».

L'impromptu de Chambord jouera huit mois plus tard un de ses derniers actes. Le 27 août 2018, à 16 heures, une réunion se tient à l'Élysée, le président verrouillant les ultimes arbitrages d'une réforme de la chasse, dont les derniers détails ont été négociés le matin même au ministère de la Transition écologique. Autour de la table, entourant Emmanuel Macron, Sébastien Lecornu, secrétaire d'État, et assis en face de Nicolas Hulot, l'inamovible lobbyiste Thierry Coste. Les échanges sont techniques, studieux et étrangement paisibles. Car, si la nouvelle loi ménage les impératifs de sauvegarde de la biodiversité, elle manifeste beaucoup d'empathie à l'endroit des chasseurs français, et Thierry Coste se frotte les mains. Durant vingt ans, l'habile manœuvrier aura chuchoté dans les couloirs de la Présidence ; cette fois, sa voix porte. De semaine en semaine, son farouche opposant Nicolas Hulot encaisse les déconvenues. Avant l'été, apprenant que Coste plaide pour le maintien des chasses à courre et, pire, des chasses traditionnelles à la glu, il s'est plaint au président de la République. Ce Coste serait un acharné du fusil, un massacreur de biotope. Songez qu'il défend ceux qui tuent les oiseaux en piégeant leurs pattes sur des branches enduites de colle, les laissant mourir d'épuisement, de faim, de soif ? Nicolas Hulot est excédé. Et que lui répond le chef de l'État ? Il lui ordonne d'appeler Coste. Hulot s'exécute. Au fil de l'été, sa colère s'est pourtant assourdie, elle s'est muée en lassitude. Comme si le défenseur de l'environnement avait compris que la partie était finie et qu'il l'avait perdue. En cet après-midi au palais de la Présidence, Nicolas Hulot ne parle plus. Il laisse faire. Ne pipe mot en entendant que le coût du permis est réduit de moitié, passant à deux cents euros. Du jamais vu. Le troisième ministre selon le rang protocolaire bâille, alors que s'organise sa totale défaite. Le chef de l'État l'interroge : Monsieur le ministre d'État, avez-vous quelque remarque à formuler ? L'écologiste décline. Il n'a rien à ajouter. En conséquence, suprême avanie, il est décidé que lui et son secrétaire d'État Sébastien Lecornu donneront, conjointement, un entretien à la presse. Ils y exposeront les bienfaits de ces aménagements, dont la baisse du coût du permis de chasse. Un choix cruel. Nicolas Hulot ne manifeste aucun agacement. Thierry Coste l'observe. Le piège à la glu fonctionne à merveille.

Le lendemain, en lisant son journal, Thierry Coste découvre pourtant que le ministre de l'Environnement s'est dédit ; son secrétaire d'État a, seul, répondu aux questions du *Figaro*. Ce n'est pas ce qui était convenu avec le président. Que fabrique Hulot ? Attendu dans les studios de France Info, le Monsieur Chasse rejoint la Maison de la Radio, où il croise justement dans l'ascenseur le journaliste du *Figaro* ainsi que Léa Salamé. L'intervieweuse de la matinale s'apprête à recevoir Nicolas Hulot. Coste éclate de rire : sait-elle que manifestement « il fait la gueule » ? Il semble avoir boudé l'entretien prévu, une communication pourtant calée avec Emmanuel Macron. Le journaliste du *Figaro* confirme. Lui a compris que Hulot préparait sa démission. Il a d'ailleurs averti sa direction. Décidément, un drôle de ministre ce Hulot, reprend Coste devant Léa Salamé : il a validé la réforme de la chasse et n'a rien objecté durant leurs trois heures de réunion, la veille. Le lobbyiste plastronne. Cette réforme est son œuvre. Perplexe, Léa Salamé quitte la cabine.

À son micro, quelques minutes plus tard, le ministre de la Transition écologique annonce en direct sa démission. Une décision qu'il n'improvise pas ; il l'a arrêtée, évaluée, mûrie. Le ministre anti-chasse rend les armes, il laisse faire Thierry Coste et Willy Schraen, des ennemis trop forts, trop habiles. Et surtout, trop écoutés. Les cartouches tirées à Noël dans la forêt de François Ier ont atteint leur proie. Elles ont mis deux saisons à toucher en plein cœur leur cible.

« Reprenons encore les vertus de ce grand roi. Il fut fort libéral, et prenait grand plaisir à donner. »

BRANTÔME, *Vie de François Ier*.

Samedi après-midi, la famille d'Emmanuel Macron se rend au zoo de Beauval, où la presse est invitée à assister à la rencontre entre Brigitte Macron et son filleul dodu, le panda chinois Yuan Meng. Les petits-enfants de la marraine se régalent. La nuit tombée, la presse écartée, le convoi rentre à Chambord. Est-ce en cette fin de journée que le réalisateur Nicolas Vanier rencontre le chef de l'État ? L'entrevue a été préparée par le directeur, qui « s'est arrangé » pour que les deux hommes se croisent. Leur conversation donne au séjour du président dans le temple de la chasse son antidote politique. Habile contrepoint. Le cinéaste Vanier, qui a grandi à Cerdon-sur-Loire, en Sologne, a en effet des doléances écologiques à faire valoir. L'amoureux du Grand Nord combat l'engrillagement, cette pratique des fortunes du CAC 40, propriétaires de chasse privée dans la giboyeuse forêt alentour. Ils sont légion, ces voisins, à tirer le sanglier et le cerf, recevant en leur splendide propriété quelques amis, beaucoup de clients et toujours des élus aimablement disposés. À quelques kilomètres du château de la Renaissance, la famille Dassault possède La Grande Boulaudière, commune de Salbris, et vient d'acheter le domaine de Chalès à Nouan-le-Fuzelier ; Martin Bouygues chasse chez lui à Fontenailles, commune de La Ferté-Saint-Aubin, et Jérôme Seydoux sort son fusil à Frogères, commune de Saint-Viâtre. Le patron des salons de coiffure Franck Provost convie à Mur-de-Sologne ; Yves Forestier, à la tête d'une prospère entreprise de transports frigorifiques, fait de même à Brinon-sur-Sauldre, quand Claude Bébéar, ancien patron d'Axa, régale à La Porte, commune de Sandillon. Bernard Lozé, discret et opulent investisseur financier, invite lui sur des cartons écrits à la plume dans son château de Vieux Maison, commune de Ligny-le-Ribault, où l'on sert du caviar en apéritif. Toutes leurs chasses sont grillagées, concentrant si bien les animaux que leurs obligés ont l'assurance de ne pas rentrer bredouilles, rapportant de leur journée un trophée épatant. Ces 3200 kilomètres de hautes clôtures suscitent la colère des défenseurs de la nature, dont Vanier. Les grilles empêchent la circulation des animaux et interdisent le brassage génétique. « Ces chasses sont des zoos, les grandes fortunes tiennent des kermesses », expose Nicolas Vanier à Emmanuel Macron. Le président écoute, questionne. Le Solognot naturaliste évoque l'amendement Serot-Monichon, ce règlement qui exonère de droits de succession les domaines forestiers, une aubaine pour ces détenteurs de patrimoines, et Emmanuel Macron manifeste une attention sincère, passant outre l'ironie de la scène. Celle-ci se déroule en effet dans la plus grande chasse close du monde, propriété de la République. Gracieuse, Brigitte Macron se mêle à la conversation. Elle glisse au réalisateur qu'elle serait heureuse de projeter son film *L'École buissonnière* à l'Élysée. Quand Nicolas Vanier prend congé, le chef de l'État lui assure que son combat sera étudié avec diligence. Un mois plus tard, le cinéaste est reçu par Nicolas Hulot au ministère de l'Environnement. Promesse de Chambord vaut de l'or cette fois. Consolation pour le ministre vert ?

La soirée est entamée. Les grappes de touristes, se perdant parmi les soixante escaliers du château, ont déserté. Dans le donjon en forme de croix grecque – un plan inspiré des églises italiennes du Quattrocento, dont la basilique Saint-Pierre – résonnent les pas de la famille présidentielle. Les mille chauves-souris, nichant l'hiver sous la charpente, dorment. Les Macron-Trogneux sont attendus pour souper. En rejoignant le premier étage, la famille du président gravit l'escalier à double vis, le point central du château, sa colonne vertébrale. Une hélice tournant jusqu'au ciel, insufflant à l'édifice une dynamique giratoire inédite. Le château incarne l'orgueil d'un jeune roi, conversant directement avec le Créateur. À Chambord souffle l'esprit. Mais lequel ? Celui de l'hubris des jeunes monarques conquérants ? Celui des princes bouleversant les augures ?

La salle où ils dînent est immense. Six mètres sous le plafond à caissons et quatre murs de pierre, blancs, vides, nus. Aucune tenture, aucun tableau, pas de tapis, pas de rideaux ni de meubles d'époque. La pièce résonne. « Ce château est le seul endroit que je connaisse où il fait plus froid à l'intérieur qu'à l'extérieur », plaisante Stéphane Bern. Péniblement chauffée par l'unique cheminée, la pièce est occupée en son centre par deux tables dressées. Nappes blanches, chaises dorées dont l'assise est couverte d'une galette bordeaux. Ce mobilier d'apparat provient du stock du château. Le dîner fini, il sera rangé dans un débarras.

Parmi les bizarreries de l'édifice, la famille d'Emmanuel Macron découvre que le palais fut d'emblée équipé d'un système sophistiqué de latrines à double circulation, mais qu'aucune cuisine n'y fut prévue. Quand le roi François vient chasser – 42 nuits en trente-deux ans de règne –, une caravane le précède, la première voiture atteignant Chambord quand la dernière s'ébranle à Blois. Dans la cour, des tentes sont dressées, des feux allumés, et c'est là qu'on prépare les banquets. De nos jours, le domaine lance chaque été un appel d'offres à destination des traiteurs du département ; le vainqueur obtient le marché des repas durant les quatre mois de la saison de chasse, comme ceux qu'exigent certains invités de marque. Ce samedi soir en est l'exemple : la première fois depuis cinquante ans qu'un chef de l'État dîne au château de Chambord.

Novembre 1988. Le prince Charles et la princesse Diana, tremblante de froid dans une robe-fourreau blanche, sont déposés en hélicoptère sur la pelouse, où les trompes de Cheverny les saluent en musique. Accompagnés par un sonneur jouant *l'Ave Maria* de Gounod, les époux royaux se dirigent vers la pièce où trente années plus tard, en ce mois de décembre 2017, les petits-enfants de Brigitte Macron s'amusent à compter les salamandres sculptées dans le tuffeau. La République reçoit avec magnificence l'héritier de la Couronne d'Angleterre, dont l'aïeul Henri VIII a si perfidement combattu son rival François Ier. Et si ce n'est pas encore tout à fait le luxe du camp du Drap d'Or, on a sorti la porcelaine de Sèvres, les verres en cristal, et cuisiné d'audacieuses huîtres glacées, suivies d'un pigeonneau farci de Maître Robin. Dédaignant ce régal, la princesse Diana grelotte, les reflets de ses pendentifs en diamant ne suffisant pas à réchauffer la salle venteuse. Elle picore de sa fourchette quelques bouchées qu'elle promène en cercle dans son assiette, et bientôt sa moue ne laisse plus de doute : la ravissante s'ennuie. Non loin d'elle, la princesse Caroline de Monaco égaie sa table. Enjouée, elle enchante les convives et nul besoin d'être un diplomate aguerri pour noter que le prince Charles, assis à sa droite, apprécie sa fraîcheur décontractée et les bouteilles de Chinon 1986. Le dîner de gala avançant, Diana s'adonne pleinement à son humeur maussade ; un nuage de crachin anglais semble être tombé sur son fourreau blanc. Autour d'elle, le silence gêné. Le repas achevé, l'Anglaise manifeste son désir de quitter au plus vite ce château que les rires de Caroline ensoleillent. Jack Lang, sémillant ministre de la Culture, bondit pour l'accompagner jusqu'à la Rolls Royce qui l'attend place d'Armes. La princesse blonde assise, le maire de Blois court vers le donjon, et tend son bras à la princesse brune qu'il guide à son tour. Elles ne se reverront jamais.

Dimanche 17 décembre, les artistes de « Midnight Première » reviennent au château. Ambiance crispée. Cirque sécuritaire à son paroxysme. Tandis que les acteurs et musiciens se griment, un employé avertit le producteur que le président et sa famille sont dans les murs. Ils viennent au spectacle. Bouron en informe ses comédiens, qui éclatent de rire.

Comme la veille, Emmanuel Macron a commencé ce dimanche par un footing. Deux téléphones, quatre officiers de sécurité. Puis, ayant retrouvé ses proches et enfilé sous une parka à pressions un pull bleu marine à col boutonné, le président et sa famille marchent jusqu'au château, où ils sont conduits dans les communs d'Orléans, la partie droite de l'enceinte, où se jouera la pièce de théâtre. Brigitte Macron connaît ses classiques : elle n'ignore pas que dans le bras sud du premier étage du donjon, Molière joua, à l'automne 1669, devant Louis XIV et la Cour divertie par une journée de chasse, *Monsieur de Pourceaugnac*. Un an plus tard, l'assemblée versaillaise revient en Sologne. On chasse, on danse, on boit. Le Roi Soleil ordonne au comédien et au musicien Lully de composer un nouveau divertissement. L'écrivain travaille d'arrache-pied, il dessine des décors, fait répéter les acteurs. Le soir de la première, *Le Bourgeois gentilhomme* ne plaît pas. La pièce-ballet, prenant prétexte de la récente visite de l'ambassadeur de la Sublime Porte, ennuie. Sa Majesté, distraite, ne rit pas. Molière est effondré. Il s'enferme dans sa chambre. Sept jours plus tard, la pièce est jouée une seconde fois. Et Louis XIV rit, les courtisans applaudissent, la Cour se régale.

Attendant le spectacle, les enfants s'égaient entre les chaises, essayant de grimper sur la scène en bois. Le public s'installe, posant ses manteaux, ses bonnets. La salle résonne de ses bavardages. Les employés voient alors un homme s'approcher du président. La cinquantaine, veste multipoche et lunettes dans les cheveux. Il aimerait prendre une photo. Est-ce un touriste ? Un spectateur ? Le chef de l'État accepte la demande. L'homme évalue la lumière cachée derrière une tenture épaisse, il doit calculer la puissance de son flash, se demander si c'est jouable. Tandis qu'il règle son appareil, un cercle invisible se trace, le vide se fait. Soudain, le président est isolé. Il paraît hésitant. Il prend la pose, automate au visage figé, la posture raide. On aperçoit le photographe qui s'interrompt, il s'adresse au chef de l'État. Puis on le voit poser ses mains sur la chemise blanche, dont il ordonne le col. Emmanuel Macron se laisse faire, il étire son visage vers le plafond pour permettre à l'homme de lisser sa chemise. Maintenant, il rit. Voyant passer Frédéric Villerot, son guide nocturne, le président le hèle d'un ton joyeux : « Fred, viens prendre une photo avec moi. » Une prise, une deuxième, une autre encore. « Fred », bouille blonde, un peu baraqué, est manifestement content de prendre cette photo-souvenir. Il s'éloigne un peu. Une photo encore du président seul, une autre avec son épouse portant à la main un sac noir, les pieds fourrés dans des bottines à talons compensés. Une dernière, s'il vous plaît, promis c'est fini. Attirés par les flashes, les petits-enfants de Brigitte Macron s'approchent, le photographe éteint l'appareil, il serre la main du couple présidentiel. Emmanuel Macron lui tapote gentiment l'épaule. Derrière le rideau rouge, on frappe les trois coups. L'homme et l'appareil disparaissent.

Personne n'a jamais vu ces photos.

La Belle et la Bête… au bois dormant raconte en dix-huit scènes, ponctuées d'intermèdes musicaux, les aventures de deux princesses, Laideronnette et Magotine, l'une privée de beauté et la seconde de sagesse, déjouant les intrigues du Grand Chambellan Boileau et les caprices de la reine-mère. L'intrigue rebondit, s'emmêle, jusqu'à atteindre l'inextricable. Surgissent alors des cieux Neptune et l'auguste Jupiter. « Soumets-toi à mon foudre et apprends mes arrêts. Des geôles de l'enfer, j'ai libéré ce Prince. Qui a su captiver mes tendres intérêts. Je lui rends sa beauté ainsi que ses provinces », déclame le dieu des dieux. Sauf que le comédien saute sur scène en hurlant : « Jupiter en Marche. » Une farce improvisée quand il a su que les Macron seraient parmi le public. Brigitte éclate de rire, son mari fait de même. Et depuis le paradis des comédiens, Molière se frotte les yeux. Chambord serait-il revenu en octobre 1670 ? Le charmant spectacle achevé, les artistes quittent la scène. La famille Macron les suit dans les vestiaires. Embrassades, compliments, le président et sa femme manifestent leur contentement, heureux d'avoir profité d'une pièce gaie et bien écrite. Quatre mois plus tard, l'Élysée appelle le producteur Jean-Paul Bouron. La Première dame souhaite qu'il vienne jouer au palais. Un jeudi de juin 2018, Midnight Première présente sa comédie en musique dans la salle des fêtes de la présidence de la République. Autour de l'épouse du chef de l'État, des classes de banlieues défavorisées.

Dans *L'Impromptu de Versailles*, Molière se moque des commandes royales, toujours tardives, obligeant les artistes de la Cour à se démener pour régaler le souverain. Son admirateur Jean-Paul Bouron relit volontiers l'unique acte de cette pièce méconnue, souriant que rien n'ait changé. Comme son héros Molière, le producteur de spectacles baroques se réjouit de n'avoir jamais déçu son public. Avant d'éblouir, ce dimanche de décembre, les Macron à Chambord, le metteur en scène a accompli plus difficile. En mars 2014, lui et sa troupe Midnight Première organisent la mise en scène de l'anniversaire de Carlos Ghosn. Un banquet somptueux donné dans la galerie des Batailles du château de Versailles. Les invités du patron de Renault-Nissan viennent des États-Unis, du Japon, du Liban, de France, et ils sont d'une exigence folle, leurs yeux habitués à ne voir que le beau, le grand, le fastueux. Entre les fenêtres, des quatuors à cordes accompagnent un clavecin. Dans les salons en enfilade, les comédiennes en robe d'époque, mouche mutine dessinée sur le menton, dansent des menuets charmants, tandis que sur l'air de la *Marche pour la cérémonie des Turcs*, de Lully, d'autres comédiens glissent à pas chassé le long de l'immense table, éclairée par des chandeliers en argent. Quand ils font la révérence, leurs coiffures de plumes d'autruche froufroutent drôlement. Depuis les coulisses, Jean-Paul Bouron suit ce déroulé. Tout a été écrit, pensé, répété, joué, minuté, mais il a fallu faire vite, glisser les répétitions entre le moment où le public quitte Versailles et celui où le personnel de sécurité exécute sa dernière ronde. Deux heures chaque fois, une paille pour régler un spectacle pareil. Quand, dans le ciel au-dessus du Grand Canal, explose le feu d'artifice, Jean-Paul Bouron respire. L'anniversaire de Carlos Ghosn est parfaitement réussi. Certes, le grand patron n'a pas ri. Mais tel n'est pas le propos sous la monarchie absolue. Deux ans plus tard, le metteur en scène de l'anniversaire à Versailles se console. Cette fois, pour Noël à Chambord, il fait rire le président de la République.

« Le roi ayant choisi et fait une troupe qui s'appelle la petite bande. »

BRANTÔME, *Vies des hommes illustres et des grands capitaines.*

La famille du président quitte le château, elle traverse la cour pavée quand le photographe réapparaît. Un de ses clichés figure dans le rapport annuel de l'établissement public. On y voit Emmanuel Macron à droite de son épouse Brigitte ; ils ne se tiennent pas la main mais leurs bras se touchent. On comprend qu'ils marchent et qu'ils sont satisfaits. Puis, la photo ayant été prise, le président attrape l'un de ses petits-enfants et le hisse sur ses épaules, signe que la suite du programme dominical se déroule sans image.

Au sud-est du domaine, à proximité de l'étang de Montperché, il y eut jusqu'au XVIIIe siècle un château, dont il ne reste que la cave voûtée et quelques marches d'escalier, couvertes de mousse. Thibault, comte de Blois, vicomte de Tours, y réside au Xe siècle, et de là le seigneur part à la chasse, traquant le gibier sans respect pour les fermiers ou leurs cultures, dont il casse les clôtures et piétine les semis. Le Normand est féroce : ses sujets lui ont trouvé un surnom, « Thibault le Tricheur ». Un jour de l'an 920, le comte Thibault arrive en retard à la messe. Sans l'attendre, le prêtre a commencé. Furieux, le seigneur poignarde l'officiant dans le dos, renversant sa dépouille sur l'autel. Pour ce crime blasphématoire, le comte de Blois fut maudit, condamné à chasser pour l'éternité un même cerf sans jamais le prendre. Ainsi naît la légende du chasseur noir ; elle terrorise depuis mille ans les enfants de Chambord qui, la nuit, entendent Thibault le Tricheur galoper dans la forêt. À trois kilomètres du château de Chambord, l'étang de la Thibaudière porte le nom de ce maître cruel.

Georges Pompidou fait ici construire une halte. Sous un toit de chaume, la bâtisse vitrée se tapit dans les herbes, son bois sombre fondu parmi les arbres. Giscard apprécie la discrétion du lieu et demande qu'on ajoute une chambre, qu'on y pose un lit double et que soit branché un groupe électrogène. Au bord de l'étang de la Thibaudière, la brume encapuchonne les marais, la rosée scintille sur les fougères alentour. Soudain, sort du pavillon une actrice charmante. Pieds nus, elle marche sur les feuilles. Elle regarde l'eau couleur ardoise, suit des yeux un héron, puis s'étire. Sa peau constellée de taches de rousseur luit dans l'aube, elle frissonne sous sa chemise longue qui lui bat les cuisses. Elle retourne sur ses pas. Derrière les carreaux, on perd de vue sa jolie silhouette. À la Thibaudière, Giscard ne se contente pas de tête-à-tête, il donne aussi des réceptions, servies par des laquais poudrés. Cachés sous les roseaux, les hérons gloussent.

Chambord s'est amusé de ce président quadragénaire. On le vit même survoler le domaine en hélicoptère. Assis à droite du pilote, il lui donne des consignes en tendant le bras vers le Cosson. Soudain, l'engin s'immobilise, ses pales grondent, elles forment au sol un tourbillon puissant, soulevant la poussière. Mais l'Alouette ne dépose pas comme dans le film de Jacques Demy le roi Bleu et sa nouvelle épouse, la fée des Lilas, venus célébrer les noces de Peau d'Âne. Il se contente de laisser tomber des brassées de pétales de rose. Une pluie de fleurs surprend une promeneuse musardant dans les allées. Celle-ci se retourne, lève la tête, ses cheveux ébouriffés sous le souffle. Elle rit aux éclats. L'hélicoptère du président s'éloigne. Cupidon est servi.

Conduits dans les Range Rover blanches du domaine jusqu'à ce pavillon de chasse, Emmanuel Macron et sa famille ne voient pas que derrière chaque tronc se tient un gendarme. Accompagnée du directeur général du domaine, la famille déjeune gaiement et, sur la terrasse en bois, les enfants courent entre les plats. Le dessert achevé, ils entendent des sabots frapper le sol et voient surgir depuis l'allée deux calèches et leur cocher. Cris de joie, merci les grands-parents, la surprise est totale ! Pour l'après-midi ont été louées non pas les calèches du domaine de Chambord, celles aux essieux jaune citron baladant les touristes dans le parc, mais les deux attelages de la ferme du Pinay. Pourquoi ce choix ? La direction de l'établissement craignait-elle de décevoir les visiteurs en réquisitionnant les engins du domaine ? Ou redoutait-elle l'indiscrétion de ses salariés ? Il est possible qu'elle ait estimé que les calèches d'Éric Joly, le neveu du maire André, étaient plus dignes d'un président de la République. Il est vrai qu'elles ont fière allure. Essieux d'un noir élégant et, sur la crinière des onze percherons et des deux ardennais, un harnais de pompons rouges, tournoyant au galop. La famille prend place sur les banquettes. Elle est promenée dans un espace clôturé de grilles fermées à clef, strictement interdit aux touristes et donc à l'abri de leurs portables. L'attraction ravit les petits-enfants du président et de son épouse, ainsi définitivement consolés d'avoir renoncé à leur souhait de piscine en décembre.

L'après-midi s'achève. Le soleil se replie doucement. Bientôt il faudra s'arracher aux sortilèges de Chambord et regagner Paris, l'Élysée, la République.

> « Nos rois depuis se sont plus aidés en leurs ambassades de gens de robes courtes que de robes longues. »
>
> BRANTÔME, *Vie de François Ier*.

Au siège de la fédération nationale de la chasse, à Issy-les-Moulineaux, le bureau du président Willy Schraen fait l'angle. Posée sur un meuble, sa valise bleue ouverte. Du lundi au jeudi, le patron des chasseurs dort dans la pièce attenante. En s'approchant, on verrait son pyjama et compterait ses chaussettes, mais on observe plutôt les massacres cloués aux murs. Willy Schraen connaît l'histoire de chaque crâne animal : le cerf dans le cœur duquel il a tiré une balle, mais qui marcha encore quatre cents mètres et dont il fallut chercher le cadavre pendant trente minutes ; cet autre, tué en Pologne, où il se rend une fois par an ; et puis ce renard empaillé, aux yeux vifs. On le dirait prêt à sauter dans un fourré. Sa patte est levée, son museau dressé. Son ami Pierre l'avait chassé en sa compagnie. Willy avait trente ans, il ne tirait pas encore aussi bien qu'aujourd'hui. Quand Pierre est mort, il lui a légué le renard dans son testament et sa fille le lui a déposé. En cette matinée d'avril 2019, Willy Schraen évoque, les yeux embués, ses souvenirs du Noël à Chambord. Le tableau avec le président, quelle splendeur, songez qu'on faisait pareil pour les rois de France, c'est notre histoire toutes ces cérémonies, ces fastes, ces honneurs.

Entre le week-end de décembre 2017 et notre rencontre, la France a connu la crise des gilets jaunes. La révolte a démarré onze mois après qu'Emmanuel Macron s'est installé deux nuits à Chambord, onze mois après qu'il a traversé le parc royal en calèche à pompons rouges. Si les manifestations incendiaires n'ont pas dégénéré en guérilla, c'est peut-être en partie grâce à cet homme qui s'essuie les joues en racontant l'allée du Roi et les sonneurs de cor, grâce à cette gigantesque carcasse capable de s'amouracher d'un renard empaillé. Schraen se flatte d'avoir contenu la catastrophe, évité le pire. Aux premiers jours de campements sur les ronds-points, son téléphone explose. De tout le pays, de chaque région, département, village, les adhérents de la fédération de chasse l'appellent. « Willy, on n'en peut plus. T'as vu les taxes pour l'essence, et qu'est-ce qu'ils vont encore nous inventer ? Willy, faut y aller, ça a trop duré. On n'a plus le droit de rien. Même curer la fosse, c'est interdit par le règlement. Dès qu'on sort la bêche, un écolo braille qu'il faut sauver le triton dormant dans la vase, Willy faut y aller. » Des journées, des nuits, le président me raconte avoir calmé les uns, modéré les autres. « Si j'avais pas stoppé tout de suite ils étaient 500 000 sur les ronds-points et y aurait eu des gars armés. J'ai beaucoup parlé, beaucoup écrit, mes gars ils étaient tous gilets jaunes au début, tous. Mais eux, ils ont des fusils. » Le renard ne bouge pas. Le cerf polonais n'a pas dû comprendre. L'écoutant, je me dis qu'Emmanuel Macron n'a pas eu tort d'aller grelotter devant les sangliers morts de Chambord. Le jeune roi est décidément un excellent chasseur sans fusil.

Six jours avant les élections européennes, le président de la fédération nationale adresse une lettre au 1,1 million de chasseurs français, tous susceptibles de voter dimanche. « J'ai particulièrement apprécié l'implication personnelle du président de la République et sa vigilance pour respecter les engagements électoraux », y écrit-il. Une lettre de remerciement, un texte de propagande. Le pacte de Chambord. Celui des gilets orange.

« Car enfin, puisqu'il est roi, que craint-il pour y aller de cette voie ? »

BRANTÔME, *Vie de François Ier*.

La maison de Gérard Plessis longe la route, traversant Villemain, à vingt kilomètres au nord de Chambord. Depuis l'entrée carrelée, deux marches à droite et l'on pénètre dans le siège de son entreprise de mécanique pour machines agricoles. Un comptoir, un ordinateur, deux chaises à roulettes, des étagères. Octogénaire, Gérard Plessis a été, durant un demi-siècle, le maire de cette commune de quatre cents habitants, et à le voir s'inquiéter des branches tombées sur la chaussée, on se dit qu'il en a conservé les soucis. Bien qu'une chevrotine lui ait traversé la cuisse, le retraité demeure un chasseur passionné. D'octobre à mars, il chasse trois jours par semaine, entouré de ses amis, tous agriculteurs alentour. Quand Gérard Plessis entend, à la télévision, que le président de la République sera à Chambord, il descend dans son ancien bureau, il ouvre un tiroir. Il relit ses notes.

En juin 2014, Plessis prend sa retraite de maire. Un vin d'honneur est donné, auquel assistent le préfet, le député et la sénatrice du Loir-et-Cher. Le mécanicien a préparé un discours : il y décrit ses cinq décennies au service de ses concitoyens, ses joies et tracas d'officier d'état civil et, en conclusion, Gérard Plessis se permet un vœu. Si un jour il pouvait être invité à chasser à Chambord, il serait le plus heureux des hommes. L'élu sait que la chasse sur les terres de François Ier est un privilège consenti aux seuls grands élus, sénateurs, députés, gens qui ne partagent pas, ou si peu, ignorant peut-être que la Révolution française a aboli le privilège aristocratique de la chasse, mais il se dit que plus jamais il n'aura l'occasion de faire passer le message, alors il se risque. Sur ces derniers mots, timides et présomptueux, la salle se tait, chacun s'abîmant dans la contemplation de son gobelet de crémant. Le député Maurice Leroy, le préfet et la sénatrice rompent l'embarras en s'approchant de lui pour lui serrer la main. Ils ne parlent pas de son vœu, à croire qu'ils ne l'ont pas entendu. Ou qu'ils estiment, drapés dans leurs écharpes tricolores, qu'on ne réclame pas de venir chasser dans la forêt de la République.

Un an plus tard, le 5 novembre 2015, Gérard Plessis reçoit un courrier du député Leroy. Le conseil départemental et la préfecture organisent une chasse le 26 février 2016, à laquelle l'ancien maire est invité. « Tu vois, moi je tiens parole ! » a ajouté à l'encre bleue le parlementaire. Plessis réfléchit à la façon dont il s'habillera. Il décide de prendre sa tenue habituelle, avec une veste pour le soir. Son épouse, elle, n'est pas conviée. Les largesses ont des limites. Le jour dit, à 8 h 15, Gérard Plessis se présente au château, avec à la main le carton imprimé en vert sur fond blanc crème. Pendant le petit déjeuner, il reçoit son plan. Traque 1, voiture 6, poste 7, le Rond Caroline. Traque 2, voiture 5, poste 11, le Cou du Dinde, ainsi de suite jusqu'à la cinquième traque, aux Basses Tailles. Le maire retraité rejoint ensuite la Range Rover. La chasse commence. À l'heure du déjeuner, il est conduit à la halte de la Thibaudière, où il retrouve des conseillers généraux de sa connaissance, et Gérard Plessis songe que, contrairement à ce qu'il imaginait, c'est bon enfant, la chasse au château. Pas de plan de table, peu de protocole. Au menu, velouté de potimarron et bœuf bourguignon, accompagnés de Cheverny 2015. Dans l'après-midi, Plessis tire un renard et deux sangliers, quoiqu'il n'en soit pas bien sûr. Les a-t-il atteints ou frôlés ? Quand la battue s'achève, deux employés passent parmi les tireurs. Qu'ont-ils touché ? « Un renard », répond Plessis, découvrant que l'invité ne ramasse pas son gibier. En effet, une fois les chasseurs repartis, la forêt de nouveau silencieuse, les forestiers lâchent leurs chiens de sang. Des Rouges de Bavière dressés à renifler l'odeur de la blessure mortelle et à la suivre. Ils ont appris tout jeunes. Leurs maîtres évident des sabots de cheval, ils y versent du sang, puis les accrochent avec des cordes à leurs souliers et courent, sabots sous les semelles ; les chiots les suivent, ils apprennent à suivre la trace du gibier agonisant.

Au tableau de chasse, Gérard Plessis prend des photos avec son téléphone. Sept images, pas très nettes. Des sangliers alignés, des oiseaux, un renard. Est-ce le sien ? Difficile de le reconnaître, il pleut sur les dépouilles. Les cors ayant sonné, les flambeaux éteints, l'ancien maire et l'ensemble des invités sont conduits dîner au château. De retour dans sa maison de Villemain, Plessis attrape un papier à en-tête du Régime social des indépendants et y écrit à la main le déroulé exhaustif des événements. Comment il s'est garé en marche arrière le long des écuries du maréchal de Saxe, comment à l'apéritif il eut « un choix considérable » de bouchées chaudes et froides et comment, de « cette journée historique », il revient « des étoiles plein la tête ». À son épouse qui l'attend, il confie que c'est dommage, mais il n'a tiré qu'un renard, alors que François Baroin « a fait » douze animaux, dont cinq sangliers. Pas de chance, alors que, ajoute-t-il, « il n'y a pas de triche, tous les emplacements sont distribués au hasard ».

L'heureux maire de Villemain fait erreur. À Chambord, le hasard n'est pas. Enfin, pas pour tout le monde. La veille d'une journée de battue, le directeur des chasses réunit les cinq gardes dans le pavillon de la Fidélité. Au mur, une immense carte du domaine entourée de baguettes de bois. Coloré en rose, vert, bleu et jaune, le descriptif des 5000 hectares du domaine, avec ses étangs, ses marais, ses prairies, ses allées, ses bois. Le parc est quadrillé en carrés de dix hectares. Chaque garde-chasse administre un triage, soit cent carrés donc mille hectares. Le directeur demande aux forestiers dans quelle zone ils autorisent la battue du lendemain. La géographie des chasses est circulaire, elles tournent pour ne pas épuiser un endroit. Les cinq traques définies, le directeur fait imprimer des plans. Il faut ensuite distribuer les postes pour les chasseurs. Car les invités importants, les hôtes réguliers, les mécènes généreux ne recevront pas un emplacement au hasard, comme ce fut le cas pour Gérard Plessis. Les meilleurs endroits sont réservés. Les gardes connaissent pas cœur l'historique de leurs postes, ils savent qu'à l'emplacement 11 les sangliers déferlent, tandis qu'au 20 il n'y a que des scarabées apeurés et quelques lièvres. On décide donc de placer le sénateur à tel endroit, le ministre à tel autre, le patron là. Ces chasseurs distingués disposent de postes où la chance est garantie. Leur portée de fusil maîtrisée. Leur instinct de chasseur assouvi.

Ce n'est pas tout. Ces messieurs ont en effet leurs habitudes. François Baroin aime être accompagné par le garde Alain, mais celui-ci ayant pris sa retraite, il bénéficie dorénavant d'un autre accompagnateur. Le judoka et conseiller régional David Douillet a lui ses habitudes avec Untel, Gérard Larcher préfère un autre encore, Claude Bartolone déteste ne pas tirer beaucoup, Christian Jacob est plus conciliant. Quant à Éric Ciotti, venu chasser alors que les Alpes-Maritimes étaient, en ce mois d'octobre 2015, le lieu d'inondations terribles, il fut gêné qu'un salarié du château s'étonne de sa présence en Sologne. Michel Charasse ne vient plus, mais le président des guides de Haute Montagne, Gilles Chabert, est un chasseur charmant. Valérie Douillet, l'épouse divorcée de l'ancien ministre des Sports, s'est remise, elle, d'avoir été chargée par un sanglier lui fonçant dessus. Elle ne dut son salut qu'à son voisin, le député de Meurthe-et-Moselle, qui abattit l'animal.

À chaque alternance électorale, les élus font savoir à Chambord s'ils chassent ou pas. L'information transmise, le château appelle et prie qu'on indique des disponibilités. Ils recevront une invitation. Leur chasse obéit à un protocole invisible, si évanescent que l'ancien maire de Villemain n'en a rien vu. On ne rassemble pas dans la boue et le sang les plus grandes fortunes du pays et les plus hauts responsables de la République sans ordonner dans l'ombre leur rassemblement. À l'heure où les trente-six chasseurs du jour se retrouvent pour déjeuner à la Thibaudière, le couvert est prêt, anonyme. Mais, profitant du brouhaha de l'apéritif, un salarié du château accoste le directeur et lui demande de lui chuchoter auprès de qui il souhaiterait être assis. Les noms indiqués, l'entremetteur identifie les personnes et s'approche d'elles. Le directeur aurait plaisir à vous avoir à sa table. Invisible, le placement adéquat s'emboîte. Le 26 février 2016, personne n'a chuchoté à l'oreille de Gérard Plessis.

La liste des invités de Chambord est un secret absolu. Elle n'est même pas donnée à ceux qui, ayant vécu la journée, la réclament. Augustin de Romanet, nommé président du domaine, pria qu'on la lui transmette. « Je les suis de très près. Hormis quelques noms réguliers, cela tourne, nous veillons à ce que le château ne tombe ni entre les mains des viandards ni entre celles des puissances d'argent. » Si toutes les chasses panachent les fusils, mêlant ceux des politiques à ceux des affaires, seules quatre échappent à la mixité. Les quatre journées accordées à la fédération nationale ne comptent que ses membres. Il est ainsi évité au diplomate, à l'ambassadeur, au prince, au directeur général ou au ministre de devoir ramper dans la boue aux côtés d'un compagnon moins policé. En venant le 15 décembre à la chasse de la fédération, Emmanuel Macron a bien choisi son tableau.

« Diriger les chasses de Chambord, c'est tenir un boxon avec une armée de filles de joie », nous confie un ancien commissaire. Un boxon républicain, dont les passes sont soigneusement offertes et les chambres distribuées avec soin. Quand ces fusils, enivrés de plaisir, quittent le château illuminé, le directeur du domaine regagne à pied la ferme de Lina. Il respire mieux. Les carabines tirent jusqu'à trois kilomètres, infiniment plus mortelles que ne l'étaient celles employées pendant la Première Guerre mondiale, et l'énarque dort mal pendant la saison. Il redoute l'accident. Dans le boxon magnifique combattent la passion, le privilège et la mort.

« Venons à cette heure, à la mort de ce grand roi. »

BRANTÔME, *Vie de François Ier*.

Mars 1974. Marie-France Garaud, conseillère au cabinet de la présidence de la République, appelle la direction du château. Elle précisera ultérieurement l'horaire mais, à l'heure convenue, merci de faire le nécessaire afin que les portes du domaine soient ouvertes et le personnel éloigné. Quelques jours passent. Un après-midi, de ceux où l'hiver et le printemps se livrent bataille, une voiture entre dans le bois. Elle remonte les allées, s'enfonce dans la forêt, là où seuls les gardes-chasse s'aventurent. Puis, la route n'étant plus praticable, elle s'immobilise. Un homme, portant un long loden vert, sort du véhicule. On le guide, on le porte presque et, sur son visage, un masque de douleur. Chaque pas est une grimace. Dans son dos, un militaire suit, portant une chaise pliante. Ils marchent entre les arbres, leurs souliers sont crottés, ils se taisent. Que dire ? L'homme malade tend la main. Ici. Oui, ici. Le militaire déplie la chaise et le souffrant y est précautionneusement installé. La disposition lui convient-elle ? L'homme assis opine. Tous se retirent, nul ne se retourne. Il est des face-à-face que personne ne veut connaître à l'avance.

Seul dans la forêt, Georges Pompidou. Ferme-t-il les yeux ou cherche-t-il du regard une biche ? Pleure-t-il ? Dans sa mémoire, les images se bousculent. Les rabatteurs parmi lesquels il faisait tourner son paquet de cigarettes, le jour où son fils Alain l'accompagna, et puis ces parties aux côtés de François Sommer, son ami, l'industriel fou de chasse. Chambord, un plaisir de président. Attendant la mort, le condamné contemple la vie, la sienne, finissante, et celle, éternelle, de la forêt. Dévoré par la leucémie, il a mal. Il est heureux. À Chambord, il voudrait mourir. Ou mieux encore ici, dans la forêt qui l'étreint, dans la lumière qui lui réchauffe les paupières, près du souffle des bêtes reniflant son agonie. Une heure, seul dans le bois de Chambord.

Georges Pompidou connaît l'histoire de la dernière chasse de François Ier. La vessie ravagée, incontinent et fiévreux, le roi, âgé de cinquante ans, incapable de tenir sur une selle, réclame une mule. Les yeux mi-clos, il suit la chasse. « Vieux et malade, je me ferai porter à la chasse, et mort je voudrois y aller dans mon cercueil. » Un dernier tour, et le roi de France repart à Rambouillet. Il préfère mourir là où il a moins vécu. Année 1750, le maréchal de Saxe, cinquante-quatre ans, a de la fièvre. Il grelotte dans le château, ses membres raidis le brûlent, on lui inflige des saignées. Le 21 novembre, le maréchal réclame qu'on organise une battue aux sangliers, et ses valets le hissent sur sa jument, où il faut l'attacher pour éviter qu'il n'en tombe. La chasse finie, il s'alite et succombe.

Georges Pompidou ne regarde pas sa montre. Quelques oiseaux pépient, le vent lui tourne autour. Dans une heure, ses officiers viendront le chercher.

« Encore que la fortune lui ait été quelques fois bonne, quelques fois adverse. »

BRANTÔME, *Vie de François Ier*.

Le week-end du président de la République et de sa famille s'achève. Emmanuel Macron serre la main d'Augustin de Romanet, puis celle de Jean d'Haussonville. « C'est sympa ici, je devrais y faire des séminaires de gouvernement », lance-t-il. Le soleil couché, le froid s'enhardit, il remonte le long des allées et vient siffler autour du donjon. Dans la maison des Réfractaires, les bagages sont faits. Avant de monter à bord des voitures sécurisées, les invités regardent, une dernière fois, le château et son toit de poivrières. Dans vingt minutes, ayant laissé derrière eux les rangées de sapins éclairés de leurs guirlandes blanches, ils rouleront vers Paris, remontant la Loire. Sur la banquette arrière, les enfants ont dû jouer avec leurs cadeaux reçus la veille. Dans la Sologne assoupie, le Cosson murmure. Ainsi s'achève le Noël à Chambord du président de la République. Cinq jours plus tard, Emmanuel Macron s'envole pour le Niger, où il rejoint les troupes françaises engagées dans l'opération Barkhane. La veille, à l'Élysée, le président a soufflé ses quarante bougies.

Ces deux jours nous permettent-ils d'en apprendre davantage sur la nature du jeune roi ? Dans les avenues du domaine et les pièces du château, autour de l'étang, au fond des bois, partout il présente le même visage, indéchiffrable. Silhouette élancée, sèche, courant sans transpirer, grelottant sans avoir froid. Le corps paradoxal du monarque, qui se donne sans se laisser toucher. Certes, Emmanuel Macron est disponible, avenant, mais il demeure mystérieux, parfaitement énigmatique. En plongeant au cœur de ce château, que voulait-il dire ? S'agit-il pour le banquier brillant, le politicien surdoué, le citadin pressé, d'inscrire ses pas dans la terre d'une France éternelle, celle des châteaux et des masures, celle des rivières et des campagnes, des marais et des forêts ? Ou bien l'enfant d'Amiens souhaitait-il renouer quelques heures avec ses souvenirs du Nord, ce paysage de brumes qui fut celui de sa jeunesse ?

Le nouveau roi, que la France a élu, accomplit à Chambord un rite. Le Prince plonge dans notre Histoire, il exalte sa grandeur, tout en défiant sa règle du jeu. Chez lui, il n'y a ni héritage ni legs, pas de tradition ni de lignage. Comme la Salamandre, le jeune chef renaît de lui-même et s'invente, impatient, un destin.

Dans ce parc clos où depuis cinq siècles le pouvoir donne la mort, Emmanuel Macron, en costume bleu et chemise blanche, câline Thierry Coste et préserve Nicolas Hulot, approuve François Patriat et ménage Claude Bartolone, flatte Jean d'Haussonville et console André Joly.

En réalité, à Chambord, il n'y a qu'un seul chasseur. Celui qui ne rate pas sa cible : Emmanuel Macron.

Beaucoup de personnes m'ont dévoilé leurs souvenirs, offert de partager leurs regards et livré leurs émotions. Certaines demeurent, travaillent ou chassent à Chambord, d'autres n'y reviennent plus, mais elles ont conservé la mémoire vive de ses secrets. Que ces témoins, illustres ou discrets, soient remerciés pour la confiance témoignée.

Enfin, j'ai lu avec profit de nombreux ouvrages ; tous m'ont instruite et éclairée, je ne cite ici que les principaux.

Chambord, de Monique Châtenet, éditions du Patrimoine, 2013.

Vie de François Ier, de Brantôme, Grasset, 2019.

François Ier, de Didier Le Fur, Perrin, 2018.

François Ier, roi de chimères, de Franck Ferrand, Flammarion, 2014.

Les Escaliers de Chambord, de Pascal Quignard, Gallimard, 1991.

Les Lys et la République, sous la direction de Emmanuel de Waresquiel, Tallandier, 2015.

François Ier et la Renaissance, de Gonzague Saint-Bris, SW Télémaque, 2008.

Le Château absolu, de Xavier Patier, La Table Ronde, 2004.

Chambord-des-songes, de Charles Dantzig, Flammarion, 2019.

Les Graffitis de Chambord, d'Olivia Elkaim, Grasset, 2008.

Cet ouvrage a été imprimé par
CPI Brodard et Taupin à la Flèche
pour le compte des éditions Grasset
en octobre 2019.

Mise en pages
PCA, 44400 Rezé

PAPIER À BASE DE FIBRES CERTIFIÉES

Grasset s'engage pour l'environnement en réduisant l'empreinte carbone de ses livres. Celle de cet exemplaire est de :
450 g éq. CO_2
Rendez-vous sur www.grasset-durable.fr

N° d'édition : 21182 – N° d'impression : 3035729
Dépôt légal : octobre 2019
Imprimé en France